わしづかみシリーズ

会計学を学ぶ

経済常識としての会計学入門
〔第2版〕

田中　　弘
向 伊知郎
田口 聡志
　　　著

税務経理協会

読者へのメッセージ

　子供のころ，**お母さんに頼まれて買い物に出かけたこと**がありません
か。百円玉とか千円札を小さな手の中に握りしめて，大人の仲間入りを
したような気になって，お店の人にトマトやトーフを注文したことで
しょう。手の中にあるお金は，とても大切なものに思え，また，もらっ
たおつりもしっかりと手の中に握りしめて帰ったことと思います。

　家に帰ってお母さんに「トマトが200円で，トーフが100円だったよ。
だからおつりは……」と，**買い物の一部始終を報告**しましたよね。

■■「会計の原点」はお買いもの

　「**会計**」とか「**経理**」といいますと，どこかしちめんどうで，難しそ
うな気がするかもしれませんが，「**会計の原点**」は，上で述べたような，
お母さん（誰か）に頼まれて，買い物をする（お金を使う）ことと，その
結果の報告なのです。

　こういうことは誰でも，どこでも経験します。サークルに加入してい
る学生ならば，毎月いくらとか年にいくらとかの活動資金を集めたり，
ゼミに入っている学生なら合宿の費用や飲み会の会費を集めたりします。
学生でなくても，会社の仲間と海外旅行の資金を積み立てたり，グルー
プで宝くじを買ったりします。そういうときは，きまって会計係が選ば
れ，お金の出し入れを任せることになります。あなたがこの会計係に選
ばれたと考えてください。

他人のお金を預かる以上，お金をしっかり管理すること（**財産の管理**）も大事ですが，いくらのお金を預かって，それを何にいくら使ったのか（**資金の収支**）を後でみんなに説明できるようにしておくことも大切です。預かったお金の金額も何に使ったかも説明できなければ，あなたが「ネコババ」（自分のポケットに入れること。「私腹を肥やす」ともいいます）したと疑われても仕方ないでしょう。

　でも，あなたが正直に，また誠実にお金を管理し，収支も適切に行ってきたのであれば，変な疑いをかけられるよりは，最初から**預かったお金と使ったお金の記録**を残し，胸を張って資金の収支を報告できるようにしておいたほうがいいはずです。報告するときには，**収支の記録**をつけた帳簿だけではなく，**領収書**や**明細表**があったほうがいっそうみんなに信用されるでしょう。

　「会計の原点」は，こうした，**他人のお金を預かって，それをどのように使ったか，その結果どうなったかを，自分にお金を預けた人たちに報告する**ことにあります。

■■ 会計は資金の調達と運用の結果を報告するシステム

　少し専門的にいいますと，事業を営む人たちが，**自己資金**だけではなく，株式を発行して資金を調達したり，銀行などからお金を借りて営業する場合に，定期的に（半年とか1年ごとに）預かった資金の現状（**資金がどういう資産に投資されているか**）と，資金を運用した成果（**事業の損益**）を資金の提供者（株主や銀行）に報告（**会計報告**，**決算報告**などといいます）するのです。これが「**会計**」です。

　なんだ，そんな簡単なことか，と思う人もいるでしょう。**原理としては，会計は資金の調達と運用に関する結果を報告すること**ですから，そ

れほど難しい話ではありません。しかし，今日のような複雑で大規模な経済社会では，他人からお金を預かって，そのてんまつ（結果，つまり利益の計算）を報告し，資金を出してくれた人たちに納得してもらうのは，実は，非常に大変めんどうな話なのです。

■■ 会計の役割は「財産の状況」と「損益の計算」の報告

　大変めんどうな話ではありますが，この仕事（役割といってもいいでしょう）は，「会計」以外にはできないのです。今日のように科学技術や高等学問が発達した時代であっても，大規模な事業を営む企業の「資金の管理・運用とその結果の報告（**財産の状態と利益の計算**）」を合理的に行うシステムは，会計しかありません。それだからこそ，400年も昔に作られた「**複式簿記**」を使った会計システムが，今日，世界中で使われているのです。

　本書は，世界中で使われている「**会計**」を，ぐっと身近に感じてもらいたくて，できるだけやさしく，基本のところを理解してもらえるように書きました。

　本書が，会計を初めて学ぶ皆さんにとって，よきガイドとなることを祈っています。

2008年8月

田中　　弘

向　伊知郎

田口　聡志

第2版へのはしがき

　第2版の出版にあたり，全面的な補筆と訂正を行い，またデータを更新しました。

　初版を2008年に出版して以来，13年になります。この間，多くの読者の皆さまから，いろいろなご助言やご提案を頂いたことに深く感謝しております。第2版では，そうした皆さまから頂いた声を反映させて頂いております。

　また，この10数年における会計の世界（会計観，会計基準，会計実務など）は大きく変革し，「会計新時代」を迎えています。

　本書第2版では，会計入門書でありながら，そうした新しい動向も盛り込んでいます。

　2021年2月

著者一同

Contents

1

基礎知識編　決算書を読む前に知っておくこと

お　わ　り　に

Welcome to Accounting World

会計の世界へようこそ

　最初に，会計知識の小テストをやってみましょう。

　最初からテストなんていやでしょうけど，ほんの10分か15分で，みなさんが会計についてどの程度の理解度があるか，どれだけ知識があるかを，自己診断できます。

　全部で7問あります。できないからといって気にすることもありません。できないところは，この本で覚えればいいのですから，気楽にトライしてみてください。

第一問

　さて，つぎの言葉を読んでみてください。答えを書く必要はありませんから，口の中で，もごもごいってみてください。

(1) 借　入　金	(2) 貸借対照表	(3) 仕　　　訳
(4) 有利子負債	(5) 売　掛　金	(6) 買　掛　金
(7) 前　受　金	(8) 貸　付　金	(9) 引　出　金
(10) 為　替　手　形	(11) 未渡小切手	(12) 先入先出法
(13) 当座借越	(14) 棚　　　卸	(15) 手　付　金

答えは，後でお教えします。

1

つぎのセンテンスを読んでください。正しい内容なら○，間違っていたら×をつけてください。これも，頭のなかで，○か×をつけてみてください。

(1) 会社のお金はすべて社長のものである。

(2) 「借方」とはお金を借りる人（会社など）のことであり，「貸方」とはお金を貸す人（銀行など）のことである。

(3) もうけのなかった年は，損益計算書や貸借対照表は作成しなくてもよい。

(4) 銀行からの借金を「借入金」という。

(5) 代金を小切手で受け取ったときは，「受取手形」で処理する。

(6) 赤字を出した会社は解散しなければならない。

(7) 貸借対照表の「土地」には，時価が書いてある。

(8) 減価償却の方法は毎年変更してもよい。

(9) 社債を発行したときは，貸借対照表に「有価証券」として表示する。

(10) ケイツネとは経常利益のことをいう。

(11) 自己株式とは，当社が発行した株式を所有していることをいう。

(12) 積立金とは，銀行などに預けてあるお金をいう。

(13) 決算をする日は店を閉めなければならない。

(14) 決算書は，法律で，税理士か公認会計士に作ってもらうことになっている。

この答えも，後で紹介します。

第三問

　左と右の項目をみて，もっとも関係の深い項目同士を結ぶ問題です。実際に線を引く必要はありませんから，目で，左と右を結んでみてください。

(1)	貸借対照表	a	先入先出法
(2)	損益計算書	b	債権（受取手形）の増加
(3)	小切手の引き渡し	c	貸倒引当金
(4)	約束手形の受け取り	d	無形固定資産
(5)	流動比率	e	定額法
(6)	ＲＯＥ	f	バランス・シート
(7)	減価償却	g	株主資本利益率
(8)	売掛金	h	当期純利益
(9)	特許権	i	当座預金の減少
(10)	棚卸資産	j	200％テスト

第四問

　つぎの文章が正しければ○，間違っていれば×印をつけ，理由を書いてください。

(1)　企業の資本は，株主が出す資本と銀行などからの借入れ（負債）からなる。

(2)　流動比率は，短期の支払能力を示す指標で，200％以上あることが望ましいといわれる。

(3)　売上高に含まれる本業の利益の割合いを，売上高経常利益率という。

第五問

最初に，つぎの文章を読んでみてください。

　ある一流会社の入社試験でのことでした。A君はペーパーテストの成績も抜群で，面接の印象も申し分なく，簿記のライセンスも持っていましたから，採用されることはほぼ決まりでした。

　そのとき，重役の一人が，何気なく，「君のような優秀な人材が入ってきて，わが社の財務状況を改善して欲しいものだ」とつぶやきました。優秀なA君は，すかさず，「御社（おんしゃ）の財務諸表は，ひととおり勉強してきました。わたしの考えでは，『シャクニュウキン』が多すぎるので，『バイカケキン』の回収を早めて，早く返済すべきだと思います。『タイフキン』なんかも返済に充てたらどうでしょうか。」といいました。

　これを聞いて人事部長は，「わが社の財務諸表をよく勉強している」と感心しましたが，財務担当の重役は，A君の名前に×印を付けてしまいました。けっきょく，A君は採用されませんでした。

　さて質問です。財務担当の重役は，なぜA君に×印を付けたのでしょうか。

4

第六問

つぎの文章を読んでみてください。

ある日の役員会の席で，財務部長が，つぎのような貸借対照表を役員たちに配布した上で，こういいました。

貸借対照表　　（単位：万円）

現　　　金	2,000	借　入　金	20,000
商　　　品	10,000	支 払 手 形	10,000
売　掛　金	30,000	資　本　金	10,000
固 定 資 産	8,000	剰　余　金	10,000

財務部長「当社は，当期に入ってから，売掛金の回収が遅れるようになってきており，ここ数か月来，資金繰りがつかなくなってきております。当月末に支払期限が参ります手形が，4,000万円ほどありまして，この支払財源をどうするか，是非ご検討ください。」

　この財務部長の発言に対して，エンジニア出身の社長がいいました。

社長「財務部長，君が配布した資料を見ると，わが社にはまだ，資本金やら剰余金があるじゃないか。借入金なんか，ずいぶん使わずに残っているようだし。月末の支払いは，それを使ったらどうかね。」

　財務部長は，この社長の指示を聞いて頭を抱えてしまいました。

　さて，この話のどこがおかしいのでしょうか。なぜ，財務部長は，頭を抱えてしまったのでしょうか。

つぎの （　　　） に適当な語句を入れてください。

(1)　企業集団を 1 つの経済体として作成する決算書を （
　　　） という。

(2)　負債の合計が総資産の合計より大きいとき，この状態を （
　　　　） という。

(3)　不動産の時価がその取得原価を大きく下回ったときに強制的
　　に評価損を計上させることを （　　　） 会計という。

(4)　所有する有価証券のうち市場性があるものは，原則として時
　　価評価されるが，市場性があっても （　　　　） の目的で所
　　有する債券は原価で評価する。

(5)　証券取引所に上場している会社は，決算期ごとに，財務諸表
　　を記載した （　　　　　　　） を作成し，総理大臣と証券取
　　引所に提出する。

各問題の答えはつぎのとおりです。

第一問の答え

(1)　かりいれきん　　(2)　たいしゃくたいしょうひょう

(3)　しわけ　　　　　(4)　ゆうりしふさい　(5)　うりかけきん

(6)　かいかけきん　　(7)　まえうけきん　　(8)　かしつけきん

(9)　ひきだしきん　　(10)　かわせてがた　　(11)　みわたしこぎって

(12)　さきいれさきだしほう　(13)　とうざかりこし　(14)　たなおろし

(15)　てつけきん

第二問の答え

　○を付ける番号　4，10，11（あとは×）

第三問の答え

(1)　貸借対照表－f（バランス・シート）

　　【貸借対照表のことを，英語でバランス・シートといいます】

(2)　損益計算書－h（当期純利益）

　　【損益計算書は，当期純利益を計算する書類です】

(3)　小切手の引き渡し－i（当座預金の減少）

(4)　約束手形の受け取り－b（債権（受取手形）の増加）

(5)　流動比率－j（200％テスト）

(6)　ＲＯＥ－g（株主資本利益率）

(7)　減価償却－e（定額法）

(8)　売掛金－c（貸倒引当金）

(9)　特許権－d（無形固定資産）

(10)　棚卸資産－a（先入先出法）

第四問の答え

　　○　を付けるもの　(1) (2) (4)

(3)×　本業の利益のことを営業利益とよぶので，ここは，売上高営

　　　業利益率が正しい。

(5)×　付加価値はその企業が独自に生み出した価値ですが，ここか

　　　ら給料などの人件費，通信費，税金，利息などを支払った残り

　　　が当期純利益です。

この受験者がいっている「シャクニュウキン」というのは，「借入金（かりいれきん）」のことでしょう。「バイカケキン」は「売掛金（うりかけきん）」，「タイフキン」は「貸付金（かしつけきん）」のことをいいたいのでしょうか。

会計の用語は，産業界の日常語です。正しく覚えておかないと，取引先の信頼をうしなうことにもなりかねません。財務担当の重役が×を付けたのは，この受験者が生半可（なまはんか）な知識をひけらかしたからではないかと思います。

貸借対照表には，現金，資本金，売掛金，積立金など，「金」で終わる項目がたくさん書いてあります。しかし，「お金」という意味で使うのは，「現金」だけです。あとの項目は，お金ではなく，「金額」を言っているのです。

「資本金」は，会社の株主が資本として拠出した金額のことですし，「剰余金」は，会社の純資産が資本金を超える金額，「借入金」はいくら借金しているか，を意味しています。お金ではありませんから，これを引き出して借金の返済に充てるということはできません。

ちょっと話が専門的になり，難しくなったかと思います。そうなんです。財務部長が頭を抱え込んだのは，こうした専門的なことを，エンジニア出身の社長に，どのように説明したらいいのか困ってしまったからでしょう。

第七問の答え

(1)	連結財務諸表	(2)	債務超過	(3) 減　損
(4)	満期保有	(5)	有価証券報告書	

　テストの結果はどうでしたか。簡単だったというひとは，かなりの会計知識があるかたです。この本で，その知識を再確認してください。きっと，数時間後には，体系的な会計知識を身につけることができます。

　ぜんぜんできなかったというみなさん，心配しないでください。この本は，みなさんのために書かれたものです。1日に10分か20分，「ゆっくり」読んでください。1週間か10日後には，あなたも会計のエキスパートに変身しています。

「ゆっくり」学ぶ

　スポーツでも語学でも同じようですが，会計学も「速修」とか「短期マスター」には向かないようです。

　エンピツと電卓を手にして，本の重要だと思われるところ（これは人によって違います）に黄色や赤のマーカーで線を引いて（これは後で読み返すときに役に立ちます），「ゆっくり」読むのです。「ゆっくり」読めば，記憶に残りますし，「考える」時間を作ることもできます。

会計って何をする
ものでしょうか

　読者の皆さんは，「**会計**」ということばを聞いて，何を連想されますか。あるいは，「**会計**」って，何をするものだと思いますか。

　会計を学んだことがない人たちにこうした質問をしますと，いろいろな答えが返ってきます。

　ある人は，「**会計は，税金を計算するもの**」だといいます。そういえば，**税理士**の皆さんが開いている事務所のことを「**会計事務所**」といいますね。確かに，会計は税金と結びつきが深いようです。

　ある人は，「**会計は，財産を計算するもの**」だといいます。会計を使って作成する**バランス・シート**（貸借対照表）という計算書には，現金やら有価証券，土地といった財産が一覧表示されています。

　ある人は，「**会計は，投資先を決めるために使われる**」といいます。「**お金を借りるときに使う**」という人もいます。食事や買い物をしたときに，お店でお金を払うのも「会計」と呼ばれています。

　会計を少しでも学んだことがある人たちは，「**会計は，利益を計算す**

10

るもの」だというでしょう。

　実は，会計の技術が多能なために，いろいろな使い方をされているのです。**税金を計算**するときにも，**財産の計算**をするときにも，**投資先を決める**ときにも，**事業のもうけ（利益）を計算**するときにも，会計が使われているのです。

　そうはいっても，会計は，どの役割もすべて満足のいくように仕事ができるわけではありません。使い方によっては，満足のいく仕事ができないこともあります。

　包丁のことを考えてみてください。包丁は，何かを切る道具です。普通は，野菜とか魚・肉などの食材を切るのに使います。パンを切るには「パン切り包丁」が，大きな魚をさばくには「出刃包丁」が，刺身を作るには「刺身包丁」があります。

　「出刃包丁」でパンを切ろうとしてもうまくは切れません。しかし，うまくは切れませんが，出刃包丁でパンも切れますし刺身も作れるでしょう。出刃庖丁の役割は大きな魚や肉などをさばくことですが，切ろうと思えばパンでも刺身でも，いえ，その気になれば人殺しにも使えるのです。

　会計も事情は同じです。**会計には会計本来の役割がある**のですが，それ以外の目的で使うこともできるのです。上で，会計は多能だと書きました。本来の使い道以外にも，いろいろな使い方がされています。しかし，どの仕事もうまくこなせるわけではありません。では，**会計の本来の役割**とはいったい何でしょうか。

■ 会計の役割

　今日の経済界において，会計にしかできない仕事があります。それは，
儲け（利益）を計算すること，少し専門的にいいますと「**企業のトータ
ルな損益を期間的に区切って計算すること**」です。

　中世に複式簿記が発明され，それが世界中で使われるようになったの
は，複雑化した企業の利益をシステマティックに計算する技術がほかに
ないからでした。

　企業活動の**儲けを断片的に計算する方法**はいくらでもあります。たと
えば，土地や建物を売って得た利益を計算するとか，お金を貸して受け
取る利息を計算するとかは，それほど難しい計算方法を必要としません。
複式簿記などという面倒なシステムを使わなくても計算できます。

　しかし，現代の大企業のように，世界中に工場やら多数の機械を持ち，
大量の原材料と労働者を使って複雑な製品を生産している場合には，利
益を断片的に計算してそれを合計しても，企業全体の利益を計算したこ
とにはなりません。

　特に，製造業では，何年も何十年にもわたって永続的な事業が営まれ
ますから，**利益を断片的に計算する**ことさえ不可能です。そこで，**企業
全体の利益を，一定の期間ごとに計算する統合的なシステム**が必要にな
るのです。そのシステムとして発明されたのが**複式簿記**であり，それを
ベースとした**会計**です。

利益の計算は会計の専売特許

　現代の経済社会において，**会計は，企業の利益を期間に区切って計算するという仕事**を担っています。この仕事は，現在のところ，会計以外にうまくできる仕組みはありません。**利益の計算は，会計の専売特許**といえるでしょう。

 会計機能の変化

　最近では，会計の仕事として，**利益の計算**に加えて，**財産を計算する仕事**や**投資の意思決定に必要な情報を提供する**という仕事も重視されるようになってきました。そのことについては，後ほど，必要なところで述べることにします。

会計を知らないと,
どんな失敗をするか

　最初に,会計の七不思議を織り交ぜながら,現代の経済社会において,なぜ会計の知識を必要とするのか,正しい会計知識がないとどんな失敗をするかを,皆さんと一緒に考えてみたいと思います。

第1話

黒字でも倒産する

 ## 「黒字」とか「赤字」って何だろうか

　会社の営業成績を表すときに，「**黒字**」とか「**赤字**」ということばが
使われます。「黒字」というのは，その年に利益が出た，儲けがあった
ということです。「赤字」というのは，その年は損失が出た，儲けがな
かったということです。

収入（または収益）＞　支出（または費用）なら……黒字

収入（または収益）＜　支出（または費用）なら……赤字

　収入と支出（あるいは収益と費用）をくらべて，残りがあれば帳簿に黒
で記入し，**マイナスなら赤で不足額を記入**したことから，このように呼
ばれるようになりました。

儲けていても倒産する？

　黒字は利益があったということですから，黒字が続けば会社は繁盛すると考えるのが当たり前です。ところが，**黒字でも会社が倒産することもある**のです。

　あなたが家庭電器を販売する店の経営者だとしましょう。メーカーからテレビやビデオカメラなどを仕入れてきて，通信販売で売るとします。これなら，店舗も必要ありませんから，安く売ることができます。最近では，こうした店舗を持たずにインターネットを使って通信販売だけで営業する店が非常に多くなっています。あなたは，商品の仕入れ値に20％の利益を加えて販売することにしました。

　あなたは，新聞の折り込み広告やダイレクト・メール，インターネットのホームページなどを使って宣伝しました。さいわいにして商品の人気が高く，よく売れています。**できるだけ安く仕入れて高く売るのが商売の鉄則**ですから，商品を安く仕入れるために，商品の代金は現金で支払うか30日後に支払う**約束手形**で払ってきました。

　商品は，顧客（お客さん）から注文がくるたびに発送し，代金は，商品を受け取った後，5回とか10回に分けて，毎月5日に銀行に振り込んでもらう約束です。振り込みが遅れた人がいますと，店員が直接，お客さんの家にでかけて代金を払ってもらってきました。

　こうした分割払いの販売方法を，**割賦販売**といいます。割賦販売は，買う側からしますと，商品代金の全額を一度に払わなくてすみます。頭

金といって，代金の一部を支払えば，すぐに商品を自分のものにできます。ですから，割賦販売は，あまりお金がない学生さんや働き始めたばかりの若い人たちを中心に使われています。

　あなたが経営する家電販売店も，しだいに全国から注文がくるようになりました。全国で販売するようになりますと，お客さんの誰かが今月の支払いが遅れたからといっても，そう簡単には全国各地に散らばるお客さんのところへまで集金にはゆけません。商圏が全国的に広がるにつれて，しだいに支払いが遅れる人も全国的に広がり，代金の回収に手間がかかるようになりました。

　商品は現金払いで仕入れています。今月は，メーカーへの支払いは7,000万円を超えました。しかし，商品の代金は分割払いですし，一部のお客さんの支払いが遅れていますから，今月は4,500万円しか入金がありませんでした。

今月の収入	4,500万円
今月の支出	7,000万円
現金の不足	2,500万円

　今月は収入が4,500万円で，支出が7,000万円。こんな状況が何か月も続いてしまいますと，あなたが経営する家電販売店はいずれ**資金が不足**して，商品を仕入れたくてもお金がないことになります。商品を仕入れるときに手形を発行しても，その手形の代金を支払う期日（**満期日**といいます）がきたとき，支払うだけの現金が手元にないことになります。

資金繰りは会社の生命線

　約束した期日に手形の代金を支払えないということは，借金を払えないということであり，産業界では会社が倒産したものと考えます。会社はこれ以上やりくりできなくなり，そこで会社の生命は終了します。

「勘定合って銭足らず」

　あなたの店は，仕入原価に20％の利益を上乗せして販売していますから，計算の上では儲かっていたのです。しかし，会社は，どれだけ儲かっていても，資金繰りで失敗すれば，破たんします。払う約束の金額をちゃんと期日に支払うことができなければ，どれだけ繁盛していても，どれだけ儲けていても，会社は営業を続けることができないのです。儲けている会社が倒産するなんて，不思議ですね。

専門用語を覚えよう！

- **手　　形**——決められた日に，決められた場所（多くは，取引銀行）で，約束した金額のお金を受け払いするために作られる書類で，**約束手形**と**為替手形**の2種類があります。手形を発行することを「**振り出す**」といいます。

- **資金繰り**——お金のやりくり。入ってくるお金と出て行くお金を，金額的にもタイミング的にも，バランスがとれるようにコントロールすることをいいます。

- **倒　　産**——企業が**不渡手形**や**不渡小切手**などを出して，銀行の取引が停止され，事業を継続できなくなること。

- **「勘定合って銭足らず」**——帳簿上の計算では利益が出ているのに，実際には現金が足りないこと。また，儲かるはずなのに，実際には損が出ることのたとえ。

第2話

繁盛していても倒産する

 薄利多売で千客万来

　もう一つ，儲かっているはずが，いつの間にか倒産してしまうという話をします。

　Aさんは，駅前通りに小さな「スポーツ用品店」を開きました。店舗はビルの1階を借りました。その賃借料が月に20万円かかります。ショーウインドーや商品のスポーツ用品は，自己資金で用意しました。

　さいわいにして，近くに小学校と中学校があり，夕方や土日にはスニーカー，サッカー・ウエア，野球やテニスの用品などを買いにくるお客さんで繁盛していました。

　Aさんは，これだけ客がくるなら「薄利多売」でいけると考えて，**値入れ率**を20％とすることにしました。仕入れた値段に20％の利益を加えて販売するのです。子どもたちは，現金で買っていきますから，上の話

のように資金繰りで困るということはありません。

　仕入れの値段に20％の利益を上乗せして販売するのです。スポーツ用品を売るたびに，いくらの儲けがでたかがわかります。仕入れ値が5,000円なら，これに20％の1,000円を上乗せして6,000円で売るのです。売価が3,000円のウエアなら，500円の儲けです（3,000×0.2÷1.2）。

　Ａさんは，開店してから毎日，その日の売り上げと利益を計算してきました。商品の仕入代金にも困ることなく店は順調のようで，新聞の折り込み広告の回数を増やしたり，新しい看板を立てたりもしました。そんなＡさんの店が，1か月ももたずに倒産したのです。なぜでしょうか。

▐ 固定費を忘れたら

　もうみなさんお気づきのように，Ａさんは，店の賃借料を支払うことを忘れていたのです。月末に不動産会社から請求されるまですっかり店舗の賃借料のことを忘れていたのです。

　店舗の賃借料，従業員の給料，事務用品代，電気代などは，**店が繁盛していてもいなくても，一定の額がかかります**。こうした**売り上げと連動しない費用**を**固定費**といいますが，Ａさんはこの固定費の存在を忘れていたのです。

　そんなばかなことを経営者がするはずはないと思いますか。常識的にはそうなのですが，実際の経営をみていますと，どう考えても固定費のことを忘れていそうな会社が多いのです。つぎの話を読んでみてください。

損をしてでも注文を取る

　電気工事を請け負^うっている会社があったとしましょう。数十名の電気
工事の作業員と5－6名の事務員がいます。いつもは大手の家庭電器会
社から新築ビルの電気工事や配線，エアコンの取り付け工事などの仕事
が回ってくるのですが，不景気であまり仕事も回ってきません。しかた
なく，他の会社の電気工事を回してもらおうとしたのですが，儲けがほ
とんどない仕事かコストをまかなえない(**原価割れ**)仕事ばかりなので，結
局，引き受けませんでした。

　これは正しい選択でしょうか。この電気工事会社には数十名の従業員
がいるのです。彼らには，たとえ，する仕事がなくても給料を支払わな
ければなりません。給料などの固定費を支払うためには，いくら儲けが
薄くても，ときには損を出してでも，この仕事を引き受けるべきなので
す。こうした場合に判断を誤る経営者は少なくありません。

 ## 外注した方が割安の場合でも

　パソコンの部品を作っている会社があったとします。小さな部品なの
で，最後には必ず一つずつ箱詰めしなければなりません。工員の時間当
たり賃金は2,000円するとしましょう。単なる箱詰めなら，外注に出す
かアルバイトを雇ってやらせるほうが安上がりでしょう。

　しかし，コストの比較だけで工員を使うか外注・アルバイトにするか
を決めるのはちょっと待ってください。工場で働いている工員たちは一

日中フルに働いていますか。作業と作業の間に手が空いていたり，注文がとぎれて工員がする仕事がないということはありませんか。

工員に支払う給料は「**固定費**」です。仕事をしていても工場内でブラブラしていても給料は支払わなければなりません。部品の箱詰めも，工員の手が空いているときに工員がやるようにして，どうしても間に合わないときに限って，外注に出すなりアルバイトやパートを雇うべきです。

アルバイトやパートでもできる程度の作業でしたら，忙しいときには，手すきの事務系社員に手伝ってもらうという手もあります。事務系の社員に払う給料も**固定費**です。手伝ってもらっても，費用は増えません。

赤字の製品は製造を中止するべきか

服のボタンを作っている会社があったとします。婦人服のボタンはそこそこ儲けがあるのですが，紳士服につけるボタンは赤字が続いているとします。社長は，紳士服用のボタンは儲からないから，儲かる婦人服のボタンだけを作ることにしようと考えています。皆さんが，経営コンサルタントだったら，この社長の考えに賛成しますか。

この会社は，赤字の製品を作らなくなると，きっと，赤字はもっと大きくなって，婦人服用のボタンがかせぐ利益も吹き飛んでしまうでしょう。なぜでしょうか。

それは，婦人服ボタンが利益を出していたのは，その固定費の一部を紳士服ボタンが負担していたからです。紳士服ボタンの製造を止めますと，婦人服ボタンが固定費の全部をカバーしなければなりません。それ

では，いままで利益を出していた製品でも，固定費をカバーできず，損失を出さざるをえません。

　赤字の製品だからといって生産を中止すると，予想に反して利益が減ったり損失が生まれてしまうケースもあるのです。会社の経営と会計は，切っても切れない密接な関係があるのですが，どちらも常識だけで判断すると予想外の結果，多くの場合は，損失を増やすことになりかねないのです。

専門用語を覚えよう！

● 薄利多売——薄い（少ない）利益で，多くを売ろうとする商売のしかた。１個当たりの儲けが少なくても，たくさんの商品を売れば，合計の利益は大きくなります。

● 値 入 れ——商品の仕入原価に，利益や諸費用を上乗せして売価を決定することをいい，**マークアップ**ともいいます。100円で仕入れた商品に30円の利益を上乗せして売るとき，マークアップは30円。この30円が**粗利益**となります。原価に上乗せする比率を**値入率**または**マークアップ率**といいます。

● 固 定 費——事業を営む上でかかる諸費用のうち，**売上高**（工場なら**稼働率**）の増減と連動せずにほぼ一定額が生じる費用。一般的には人件費，電気代，支払利息，水道代，通信費，交通費など。

● 変 動 費——企業の活動量（売り上げや**操業度**）が変化すると，それとほぼ正比例して変化する費用があります。たとえば，商品の仕入れ代金や製造原価です。こうした費用を変動費といいます。

● 原価割れ——仕入れ値（原価）よりも安く売ること。原価を回収しきれない。

第3話

赤字でもつぶれない

前にも書きましたが，「**黒字**」というのは，その年に利益が出たということで，「**赤字**」というのは損失が出たということです。毎年のように損失を出していれば，そのうちに会社は倒産するはずです。

ところが，妙なことに，赤字を出し続けていても，倒産しない会社もあるのです。

大企業の子会社は倒産しない

大企業は，たくさんの**子会社**をもっています。子会社の中には，非常に大きな利益をあげている親孝行の会社もあります。逆に，毎年損失を出し，親会社から損失を埋め合わせてもらっている子会社もあります（親会社からの補助が乳児にミルクを与えるのに似ていることから，「**ミルク補給**」というそうです）。

たとえば，新製品を開発するために作った子会社とか，従業員の福利厚生施設として作った子会社などは，最初から利益を無視して，むしろ

赤字になることを承知の上で設立されます。

　こうした子会社の場合は，必要な資金を親会社が出しますから，倒産に至るということはありません。

　子会社でなくても，銀行がお金を貸してくれるとか，親戚や友人が追加の資金を貸してくれる場合も，会社は倒産せずにやってゆけます。

 ## 自転車操業は倒れない

　企業が倒産するのは，儲からないとか利益が出ないということではなく，資金が続かなくなったときだということがおわかりいただけたでしょうか。

　損を出しながらも，何とかやっていく経営を「**自転車操業**」といいます。自転車は，少しでも前に進んでいけば転倒しません。会社も，資金の手当てさえつけば，損を出そうが，何とか経営を続けられるのです。

　中小企業の社長さんたちと話をしていますと，「儲からない」とか「利益が出ない」といった話を聞くことはありません。そういうことよりも，**「手形が落ちない」**とか「誰か金を貸してくれないかな」といった話ばかりです。

　「手形が落ちない」というのは，自分が振り出した**約束手形**の支払期限が来るけど，支払う資金がないので，**手形の決済**ができないということです。手形の決済ができないと，上に書きましたように，会社は破綻します。それ以上の営業ができなくなるのです。

第4話

花見酒の損益計算
<small>はな み ざけ</small>

 落語の「花見酒」を知っていますか
<small>らくご</small>

　若いみなさんは，落語なんか聞いたことも見たこともないかもしれません<small>らくご</small>が，落語だからといってばかにはできません。落語の世界にも，すばらしい会計の話があるのです。現代風にアレンジして紹介しましょう。

　落語の世界の主人公に，熊さんと八つぁんがいます。少々頭の軽いこの二人が，横丁の酒屋から酒を1升借りて，満開さくら公園に花見に<small>よこちょう さか や</small><small>しょう</small>ゆくことにしました。お花見の客に酒を高く売って一儲けしようと考え<small>ひともう</small>たのです。二人は釣り銭として700円をふところに入れて，長屋をでま<small>なが や</small>した。

　花見の客にはお酒を1合につき300円で売ることにしました。1升は10<small>ごう</small>合ですから，全部売ったら3,000円になる計算です。お酒の原価が1,000円とすると，全部売れたら二人で2,000円の儲けになります。そう考えただけで二人は有頂天になりました。お酒を仕入れて，それを満開さく<small>うちょうてん</small>

ら公園にもっていって花見客に売るだけで2,000円も儲かるのです。

　途中で，釣り銭をもっていた熊さんがいいました。「なあ，八つぁんよ，おれに酒をいっぺい（1杯）売ってくれ」。八つぁんは少し考えて，相棒<ruby>相棒<rt>あいぼう</rt></ruby>のいうとおりにしました。誰に売ろうと，代金さえもらえば同じだからです。

　しばらくゆくと，八つぁんのほうも酒が飲みたくなりました。さっき熊さんからもらった300円がふところにあります。その300円で酒を買うことにしました。つぎにまた熊さんが酒を買い，その代金で八つぁんが酒を買いしているうちに，満開さくら公園に着いたときには酒びんはからっぽになっていました。

　すっかり酔っぱらった二人は，代金を計算するのですが，全部売れた割にはふところのお金は少ししかありません。それでも二人には損をした気はしないのです。1杯売るたびに200円ずつもうかったはずです。それもすべて現金で売ったのです。それなのにどうして手元には最初に釣り銭として用意した700円しかないのでしょうか。

 内部取引は架空の取引

　現実の経済界でも，ここに紹介した落語の花見酒と同じことが行われることがあります。たとえば，取引先に頼んで商品を買ったことにしてもらい，後で買い戻すような帳簿上の操作を行ったりするのです（こうした不正な取引を，業界の裏用語で，**キャッチ・ボール**というそうです）。

　熊さんと八つぁんの場合も，会社の内部で売り買いしているのと同じ

です。会社の内部で売り買いしても，そこからは利益はでません。会計では，こうした企業内部での取引を**内部取引**と呼んで，利益の計算から<ruby>内部取引<rt>ないぶとりひき</rt></ruby>はずしています。

　熊さんと八つぁんに，こうした会計の知識があれば，借金（お酒の代金は酒屋のつけになっていました）だけ残るということにはならなかったかもしれません。

　この話は少し難しかったかもしれませんね。ここは「**ドンブリ勘定**」とか「親子間の売買」と同じだと言った方がわかりやすいかも知れません。

　「ドンブリ勘定」なら，ドンブリに残ったお金が増えていれば利益で，減っていれば損失です。熊さん八つぁんのドンブリはお金が増えたでしょうか。

　親子で売り買いしても，家族としての財産は増減しないのと同じです。

⣿専門用語を覚えよう！

● **内部取引**──本店が支店に製品を売ったり，支店が本店から
お金を借りたりする取引をいいます。会社全体
として見ると，実質的な意味を持たない取引で
す。決算のときには，取引を取り消します。**連
結財務諸表**を作成するときは，親会社と子会社，
子会社と孫会社の間の取引が内部取引になり，
取り消されます。

● **内部利益**──内部取引から生まれる「**計算上の利益**」です。
たとえば，本店が支店に，100円で作った製品を
150円で販売したとしますと，本店では50円の利
益が生じます。ただし，この商品をお客さんに
買ってもらったわけではありませんから，本当
の意味での利益ではありません。こうした「会
社内部」「企業集団内部」で商品などを移動する
ときに計上する「計算上の利益」を内部利益と
いいます。

第5話

赤字覚悟で売る

 1円の携帯電話

少し前に携帯電話を1円で売る店がありました。何万円もする携帯電話を，どうして1円で売れたのでしょうか。

似たような話に，1円入札というのがあります。何億円，何十億円もかかる建物の建築を1円で引き受けたり，数十億円もするコンピュータ・システムを1円で納入するというのですから驚きです。

なぜ，最初から損をすることがわかっているのに，こうした商売をするのでしょうか。上で紹介したような，固定費を支払うためにムリを承知で受注するというのとは，少し話が違うようです。

１円携帯電話のからくり

　みなさんがよくご存じのように，携帯電話そのものが安く売られているときは，２年とか３年の長期契約をしなければならなかったり，通話料などが高く設定されたりしています。

　１円で落札したコンピュータ・システムにしても，ソフト・ウエアはタダ同然にして，ハード（機械）で元を取るとか，後日のメンテナンスや消耗品代・補修部品代で元を取るという計算ができるようです。

利益は後からついてくる

　ガソリン・スタンドが，女性客だけに特別価格でガソリンを売っていることがあります。１リッターについて５円も10円も安いのです。原価を割っていることはみえみえです。女性が嫌いな洗車もオイルの点検もタダでしてくれます。

　損をしてでも，なぜ，女性客を優遇するのでしょうか。実は，ガソリン・スタンドには，それなりの計算があるのです。安いガソリンを入れにきた女性客に，他の商品，たとえば，オイル交換，添加剤，タイヤなどの補修部品，定期点検などを勧めると，女性客は，比較的言い値で応じてくれやすいのです。ガソリンで損をしても，他の商品でその埋め合わせができればいいのです。「**利益は後からついてくる**」という話です。

第6話

資本金はあっても，
借金は返せない

 会計を知らない社長たち

　ある日の役員会の席で，財務部長が，つぎのような貸借対照表を役員たちに配付した上で，こういいました。

　「当社は，当期に入ってから売掛金の回収が遅れるようになってきており，ここ数か月来，資金繰りがつかなくなってきています。当月末に支払期限がきます手形が400万円ほどありまして，この支払財源をどうするか，ぜひ，ご検討ください。」

貸　借　対　照　表		（単位：万円）
現　　　　金　　　　120	借　　入　　金　　2,000
売　掛　金　　3,400	支　払　手　形　　1,600
商　　　品　　　250	資　　本　　金　　　700
⋮	⋮

　この本の初めに，小さなテストをやりました。その中の問題と同じですから，答えを覚えている人も多いと思います。

　売掛金というのは，**商品を掛け（後払い）で売って，まだ代金を支払ってもらっていない金額**を指しています。財務部長は，掛けで売った代金がまだ3,400万円支払ってもらえず，手形の決済（代金支払い）ができずに困っているのです。

　この財務部長の発言に対して，エンジニア出身の社長がいいました。「財務部長，君が配付した資料を見ると，当社はまだ，資本金が700万円も残っているではないか。借入金なんかずいぶん使わずにいるのだから，月末の支払いは，それを使ったらどうかね。」

　さて，皆さんが財務部長だとしたら，この社長にどのように説明しますか。

■ 資本金も借入金も「お金」に非ず

　貸借対照表というのは，**左側に，会社の持っている財産を書き，右側に，その財産を買ったときの資金の出所**を書くものです。ですから，上の貸借対照表は，当社が持っている財産として現金，売掛金，商品などがあり，その財産を手に入れた資金源として，**借入金**（銀行からの借金），**支払手形**（商品を仕入れて代金が未払いの部分），**資本金**（株主が資本として出した部分）などがあることを示しています。

　会計では，**現金，資本金，借入金，剰余金，積立金**などのように，「**金**」で終わる用語がたくさんあります。しかし，「**お金**」という意味

で使うのは「現金」だけです。あとの用語は，そういう現金があるのではなく，「金額」を意味しているだけです。

借入金というのは，**返済すべき借金がいくら残っているか**を示していますし，資本金というのは，お金ではなく，**株主が会社にいくらの資金を出したか**を意味するのです。銀行から借りたお金や株主が出した資金は，商品を仕入れたり，トラックを買ったりして使ったのです。買った財産のうちまだ会社内に残っているものは，上の貸借対照表の左側に記載されるのです。

 ## 資本金は見せられない

この会社の社長と同じように，「**資本金を見せろ**」とか「**金庫から借入金を出してこい**」といったことをいう社長は後を絶たないそうです。でも，**資本金も借入金も「お金」ではないので出して見せることもできませんし，それで何かを買うこともできない**のです。

そういうことからしますと，「資本金」は「資本の額」，「借入金」は「借りている金額」のように表示したほうが誤解が少ないと思います。

第7話

会計の成績は
良くも悪くもできる

 ## 会計の仕事は「利益の計算」

　会社の資金を有効に使うためには，資金の動きを記録し，ムダな資金を使わないように工夫し，どれだけ儲けが出たかを計算する必要があります。そうした資金は，具体的には，商品や備品，建物などの形を取って運用されています。

　会社に投下された資金が，どういう形態で運用され，その結果，どれだけの利益が出たかを計算するのは，会計の仕事です。

 ## 評価の方法はいくつもある

　会社の利益を計算するには，いくつかの方法があります。会社の財産を評価する方法もいくつかあります。同じ事業内容でも，計算の方法が違いますと，利益の額や財産の額も変わります。極端な場合には，ある

方法で計算すると利益が出て，別の方法で計算すると損失になるという
こともあります。

　驚かないでください。こんなことは普段の生活の中では珍しくありま
せん。大学生の答案を採点するとき，同じ答案を採点していても，論述
の内容が論理的で，首尾一貫しているかどうかを重視する教授もいます
し，答案に学生自身の意見や批判が盛り込まれていればよい点をつける
教授もいます。自分の学説のとおりに書かないと合格点をつけない教授
もいるようです。同じ答案であっても，採点の基準が違えば，合否まで
も変わりかねません。

　絵画，文学，音楽などの芸術の分野では，同じ作品に対してまったく
逆の評価が下されることはまれではありません。

 ## 会社の利益は百面相

　会計というのは，**事業の成績評価**と同じですから，評価の基準が異な
れば，異なる点数がつくのは当然といえます。問題は，**どの方法を，ど
ういう基準で選ぶかを明確に**しておくことです。そうした基準（「ものさ
し」といってもよいでしょう）をしょっちゅう変えるようでは，正しい評価
ができません。また，自社が採用している方法を使って出てきた計算結
果は，単に一つの結果であって，別の方法を採用していたら別の計算結
果がでるということを十分に理解しておくことが大事です。

決算書を読む前に
知っておくこと

予備知識編では，「会計を知らないとどんな失敗をするか」を紹介しました。

基礎知識編のChapter 1では，見方を変えて，「会計を知っているとどんなことができるか」を紹介します。

Chapter 2では，簿記と会計はどういうつながりを持っているかを，さらにChapter 3と4では，会計の約束事（ルール）を紹介します。

CHAPTER 1

会計が分かると何が
できるようになるか

　どうでしたか。会社は不思議な世界だと思いませんか。私たちは，好むと好まざるとに関係なく，生活のどこかで会社と関係しています。私たちは，かすみを喰って生きている仙人ではありませんから，どこかの会社から給料をもらい，あるいは，自分で会社を経営したり会社と取り引きしたりして生活の糧を得ています。

　「わたしは親の財産で暮らしているから会社とは関係ありません」，といったうらやましい人もいるかもしれません。しかし，そういう人でも，どこかの電力会社が作った電気を使い，どこかの建設会社に頼んで家を新築してもらい，どこかの会社が経営する飛行機で海外旅行に出かけるではないですか。

　学生であれば，これからそうした経済社会に出てゆく準備をしている，いわば，潜在的な「経済人」なのです。誰もが会社とは無縁ではいられないのです。

　会計の仕組みと記録がなかったら

　上で，現代の経済社会を生き抜いていくには，会計の知識とシステム
が必要だということを知っていただけたと思います。しかし，**会計**は，
天気予報と同じで，100％頼るというわけにはゆきません。

　この世に天気予報がなかったら，私たちはどうすればいいでしょうか。
北海道のように大陸性の気候の土地であれば，朝，空を見上げるだけで
その日の天候を知ることができるといわれています。素人判断であって
も，長い経験と勘で精度の高い予知ができるのでしょう。

　内陸部に住む人たちは，そうはいきません。ましてや山岳部に住む人
たちは雲の動きや風向きくらいで判断しても「当たるも八卦」と変わり
ありません。いえ，北海道の人たちでも，これから1週間の天気を予報
（予知）するのは素人では無理でしょうし，夜空を見上げて明日の天気を
言い当てるのも，星空でもない限り無理ではないでしょうか。

　「**会計**」とか，その知識を活用して会社の分析をする「**経営分析**」な
どは，「**天気予報**」に似ています。会計の知識と情報を駆使して会社を
分析しても，天気予報と同様，しばしば外れます。しかし，「あまりあ
てにならないもの」だからといってまったく無視したり，不要なものだ
としていいものでしょうか。

　「天気予報」は，たしかに，100％頼るわけにはいきません。100％頼
ることができないものはすべて役に立たないとすると，私たちが腕につ
けている時計も，通勤・通学に利用している電車やバスも，小さな声で

しかいえませんが皆さんが聞いている大学の講義も，いえ，テレビや新聞のニュースだって，みんな100％は信頼できない，つまり，役に立たないものになってしまいます。

こうしたものは，多少の狂いや誤差があることや，たまに誤報や判断ミスがあることを承知の上で利用すれば，非常に便利な知識・道具であろうかと思います。

会計のシステムと知識がなかったら，上で紹介したような悲惨な目にあうかもしれません。

 ## 会計を知っていると，何ができるようになるか

上では，会計の知識がないと，どういう失敗をするかということを例をあげてみてもらいました。では，会計を知っていると，どういうことができるのでしょうか。いくつかわかりやすい例をあげてみましょう。

 ## 会社は儲かっているかどうかを読むことができる

会社は，会計のテクニックを使って，定期的に（半年ごとや1年ごとに）**決算書**を作成します。決算書には，**損益計算書**，**貸借対照表**（バランス・シート），**キャッシュ・フロー計算書**という3つの種類があります。3つの計算書については，次の章以下でくわしく述べることにして，ここではちょっとだけ内容を紹介します。

損益計算書には，その期間にどれだけの商品が売れたか（**売上高**），そ

の商品をいくらで仕入れたか（**売上原価**），商品を販売するのにどれだけの人件費（給与）や経費（電気代，通信費，輸送費など）がかかったかなどが書いてあり，その営業活動の結果，どれだけの利益（**当期純利益**）があったかが計算・表示されます。

　損益計算書の末尾のところには，こうしてその期間に稼いだ利益額が書いてあるのですが，その額を見ても，いくらの利益があったかはわかりますが，その額が会社にとって多いのか少ないのか，適正な額なのかはわかりません。また，**使っている資本**（元手，最初に投資した額）**に見合うだけの利益なのかどうか**も，わかりません。

　そこで，会計では，次のような計算をします。この計算には，**損益計算書**に書いてある利益の額だけではなく，**貸借対照表**に書いてある「**資本**」の額（総資本または株主資本）も使います。

$$\text{総資本利益率} = \frac{\text{当期純利益}}{\text{総資本}} \times 100\,(\%) \cdots\cdots\cdots\cdots(1)$$

$$\text{株主資本利益率} = \frac{\text{当期純利益}}{\text{株主資本}} \times 100\,(\%) \cdots\cdots\cdots\cdots(2)$$

　上の(1)では，会社がどれだけの資本を使って，当期にどれだけの利益をあげたかを，パーセントで示すものです。いわば，**会社の経営者の利益獲得能力を示す指標**といえます。(2)は，会社の持ち主，株式会社であれば**株主にとっての利益率**を計算するものです。株主にとっては(1)の利益率よりも(2)の利益率に強い関心を持っています。

具体的な話をしましょう。株主が出した（これを**拠出**といいます）資本が100億円で，会社はほかに銀行から300億円を借りて営業しているとしましょう。1年間の営業から，当期純利益が20億円だったとします。

この会社の**総資本利益率**と**株主資本利益率**を計算すると，次のようになります。

$$総資本利益率 = \frac{当期純利益20}{総資本400} \times 100（\%） = 5\% \cdots\cdots\cdots(1)$$

$$株主資本利益率 = \frac{当期純利益20}{株主資本100} \times 100（\%） = 20\% \cdots\cdots(2)$$

こうした計算からは，この会社が総資本利益率からみると平凡な利益率の会社であるが，株主からみると非常に魅力的な会社であることがわかります。

📖 売上の質を読む

利益の額の良し悪しは，売上の大きさとも関係しています。100億円の売り上げがあるA社の利益が10億円だとします。他方，売り上げが50億円ですが，利益は10億円という会社（B社）があったとしましょう。両社の売り上げの質を見るには，次のような「**売上高利益率**」を計算します。

$$売上高利益率＝\frac{当期純利益}{売上高}\times 100（\%）$$

では，A，B両社の売上高利益率を計算してみましょう。

A　社
$$売上高利益率＝\frac{当期純利益10億円}{売上高100億円}\times 100（\%）＝10\%$$

B　社
$$売上高利益率＝\frac{当期純利益10億円}{売上高50億円}\times 100（\%）＝20\%$$

　A社は，100円売るごとに10円の利益があがる会社ですが，B社は，100円の売り上げがあるたびに20円の利益が出る会社です。どちらの会社が**売り上げの質**（100円の売り上げの中にどれだけの利益が含まれているか）がよいか，これでよくわかると思います。

■ 隣の会社と比べて，どっちが儲かっているかを知ることができる

　上で紹介した「**資本利益率**」と「**売上高利益率**」を使えば，自分が経営している（勤めている）会社と隣の会社を簡単に比較することができます。

会社は，どういう活動で儲かっているのかを読むことができる

　会社は，いろいろな活動をします。商品を仕入れて販売する会社もあります。メーカーは製品を作って販売します。金融業のように，お金の貸し借りで利益を稼ぐところもあります。

　会社がどういう事業（活動）で利益を上げているかは，損益計算書を見るとよくわかります。損益計算書には，どういう活動から利益が上がったかが示されています。たとえば，商品・製品を販売して得た利益（**売上総利益**）がいくらで，本業からの利益（**営業利益**）がいくらで，本業や金融活動から得た利益（**経常利益**）がいくらか，その期にとっては特別な損益を加減して計算した「**当期純利益**」はいくらになるか，が書いてあります。

会社は健全に成長しているかどうかを判定できる

　会社が**成長期**にあるのか，**停滞期**あるいは**衰退期**にあるのかは，重要なことです。成長期にある会社の場合は，資金，人材，店舗などの拡張を見据えた計画を立てなければなりません。停滞期や衰退期にある会社の場合には，撤退する事業の選択や人材の再配置やリストラを考えなければなりません。

　会社が**成長期**にあるかどうかは，**売上高，総資本，経常利益，従業員数などの変化**をみるとわかります。これらの数値が同じような比率で伸

びている場合には，会社は**健全な成長**を遂げていると考えられます。

　しかし，売上高は伸びているのに当期純利益が減少しているという場合には，無理な販売（たとえば，**押し付け販売**）や利益を無視した販売が行われている可能性があるでしょう。

　総資本（投資）が増えているけれど売り上げが増えていない場合には，投資の効果がいまだ現れていないか，その投資が無駄であったこともあります。

 ## 会社の資本は有効に使われているかを判断できる

　会社を始めるには，ある程度のまとまった資金（資本）が必要です。大きな規模の会社の場合は，株主（会社のオーナーに当たります）から資金（**株主資本**といいます）を集め，それだけでは足りないときには銀行や保険会社などから資金（**負債**といいます）を借ります。

　株主から集めた資金は「**自己資本**」，銀行などから借りた資金は「**他人資本**」とも呼びます。こうした呼び方は，会社のオーナーである株主の立場から資金の出所を説明したものです。株主が出した資金も銀行が出した資金も，会社を経営するときには同じ**資金（資本）**として使います。両者が出した資金の合計を「**総資本**」と呼びます。

会社は，総資本を使って，1年間にどれだけの利益を上げたかを，つ
ぎのような「率」で表します。

$$
資本利益率＝\frac{当期純利益}{総資本（＝自己資本＋他人資本）}×100（\%）
$$

たとえば，A社が株主から100億円，銀行から20億円の資金を集めて，
1年間に6億円の利益を上げたとしましょう。この場合には，**資本利益
率**は次のように計算します。なお，この式で分母に総資本を使っていま
すから，**総資本利益率**ともいいます。

$$
\begin{matrix}資本利益率\\（総資本利益率）\end{matrix}＝\frac{当期純利益6億円}{総資本120億円}×100（\%）＝5\%
$$

これでA社が，1年間で，使った資本の5％にあたる利益を稼いだこ
とがわかります。この5％という数値が利益率としてよい数値なのかど
うかは，これだけではわかりません。この会社の**過去の成績と比較**した
り，**同業他社の利益率と比較**したり，**業界の平均値**などと比べて，利益
率の良し悪しを判断します。同業他社よりも高いとか平均を大きく上
回っている場合には，この会社が資本を有効に活用していることがわか
ります。

■ 会社は借金を返す力があるかどうかがわかる

会社に資金を出している銀行や，会社に商品などを納入している取引

先は，貸したお金や商品の代金を会社が期限どおりに払ってくれるかどうかに強い関心を持っています。会社が借金を払うことができる能力を，「**債務弁済能力**」といって，次のように計算します。

$$流動比率＝\frac{流動資産}{流動負債}×100（％）$$

　ここで「流動資産」とは，主に「**現金と，1年以内に現金に変わる資産**」をいい，たとえば，販売するために所有している商品や，値が上がることを期待して持っている有価証券などを指します。また，「**流動負債**」とは，主に「**1年以内に返済しなければならない負債（借金）**」を指しています（詳しいことは，p.109－p.111を見てください）。

　ここで計算する**流動比率**は，短期の負債（借金）をすぐに返すとしたら財源としての流動資産がどれくらいあるかを見るものです。この比率は，一般に，**200％以上**あることが望ましいといわれています（これを**200％テスト**といいます）。

　皆さんが，もしもこの会社と取引があって，商品を**掛**で（代金は後で受け取る約束）売るとしたら，後日に代金を払ってくれるかどうかを知ることは重要です。もしかして，この会社の流動比率が200％を大きく割り込んでいたら，掛で売った代金（**売掛金**といいます）を払ってもらえないかもしれません。取引に入る前に，取引先の流動比率を計算しておきたいものです。

会社はどのくらい社会に貢献しているかが読める

　現代の会社（株式会社）は，多くの人たちから小口の資金を集め（これ
で，大きな資金にできます），**限りある経済資源**（輸送に使う石油も，パン
を作る小麦粉も，有限の経済資源です）を使って企業活動を展開しています。
ですから，現代の会社は「利益を追求」するだけではなく，**「資金や資源
を有効に活用して経済社会に利益の一部を還元」**しなければなりません。

　会社が，社会のどの方面に，どれくらいの貢献をしているかは，**付加
価値を計算**するとわかります。

　付加価値というのは，その会社が独自に作りだした価値，その会社の
経営成果です。わかりやすい例として，いま，３人で雪だるまを作ると
しましょう。Ａさんが自分ひとりでバスケット・ボールくらいの大きさ
の雪だるまを作り，それをＢさんに渡しました。Ｂさんはそれを，運動
会のときに使う玉ころがしくらいの大きさにしてＣさんに渡し，Ｃさん
はアドバルーンほどの大きさにしたとします。この場合，Ａ・Ｂ・Ｃ３
人の付加価値は，それぞれが加えた雪の量です。

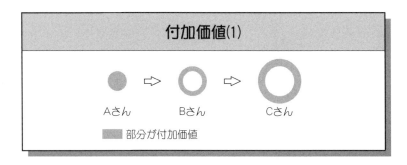

　もう少し現実的な話をします。Ｄさんが小麦粉を500円で仕入れて
ホットケーキを作りました。それを，喫茶店を営むＥさんに，１枚80円
で10枚，合計800円で売り，Ｅさんは店にきたお客さんに１枚200円で
売ったとします。

　Ｄさんは800円の収入がありましたが，その全部がＤさんの企業努力の
成果ではありません。800円のうち500円は小麦粉を作った人の努力の成
果であり，Ｄさんはこれに300円分の成果を積み上げたのです。これが
Ｄさんの成果，「**付加価値**」です。Ｅさんは，１枚200円で10枚を売れば，
2,000円の収入がありますが，そのうち800円は自分が努力した成果では
ありません。したがって，Ｅさんが生み出した付加価値は，2,000円－
800円＝1,200円です。ホットケーキを買って食べたお客さんは何も価値
を生んでいないので，その付加価値はゼロです。

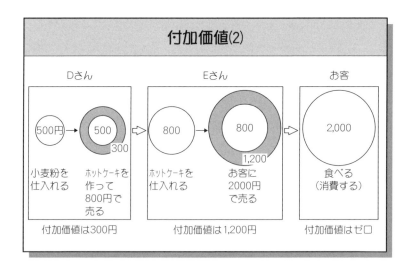

　会社が独自に生み出した価値（付加価値）は，その会社の**社会的貢献度**
を表しています。社会のどういうところに貢献しているかは，付加価値

の分配を見るとわかります。

　会社は，独自に生み出した付加価値を，たとえば，従業員に（給料と
して），株主に（配当として），銀行などに（利息として），国に（税金として）
分配します。こうした分配を見ると，その会社が社会のどこに，どれだ
け貢献しているかが読めるのです。

会社は資金繰りがうまくいっているかどうかがわかる

　有名な会社でも大規模な会社でも，突然，倒産することがあります。
倒産するのは，原因が2つあります。「**債務超過**」と「**資金ショート**」
です。

　債務超過というのは，会社が持っている資産（総資産）では負債（借金）
を返せない状態になることをいいます。**資金ショート**というのは，今日
返さなければならない借金を返せない状態をいいます。債務超過になっ
たかどうかは会社の経営者にしかわかりませんが，資金がショート（不
足）したかどうかはすぐにわかります。

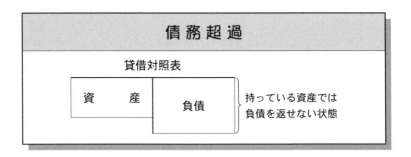

　資金がショートすると，会社が発行した手形や小切手が決済できずに

「不渡り」となります。「不渡り手形」「不渡り小切手」をだしますと，どの銀行も取引先もその会社との取引を停止し，資金を引き揚げますから，会社はたちまちにして営業ができなくなります。

　会社が作成する「キャッシュ・フロー計算書」を注意深く観察していますと，会社が「不渡り」を出しそうな予兆をつかむことができます。上に紹介した「流動比率」も，会社の資金繰りを読むためには役に立ちます。キャッシュフロー計算書については「必須知識編」，Chapter 3（p.243〜p.255）で詳しく述べています。

　会計がわかると，まだまだ，いろいろなことを知ったり計算したりすることができます。たとえば，**工場別・製品別・地域別の損益を計算**すること，会社の**配当戦略**や**経営戦略**を読むこと，会社のリスク対応を知ること，いくら売れれば損しないか（**損益分岐点**）の計算，原価にいくらの利益を上乗せして価格を決めるべきかの計算などなど，会社のお金と損益に関することであればあらゆる計算ができるようになります。

　皆さんには，ここまで，会計の知識がないとどういう失敗をするかという話と，会計を知っていれば何ができるか，という話を読んでもらいました。

　どうでしたか。**会計って，けっこう面白い**，いや，**けっこう役に立ちそうだ**……と思いませんか。

　それでは，いよいよ，すこし専門的な会計の世界に入ることにしましょう。読者の皆さんの中には，この本を手にする前に簿記を勉強している方がいると思います。そうした皆さんは，きっと，これから学ぶ「**会計**」とこれまでに学んできた「**簿記**」とはどういう関係にあるのか，

気になることと思います。

　実は，**簿記**と**会計**は，コインの表と裏のように，密接な関係があるのです。つぎにそのことを書きます。簿記を勉強した方はざっと読んでください。簿記を勉強したことがない方は，少し時間をかけて読んでください。

CHAPTER 2

簿記と会計はどのように
つながっているか

　簿記というシステムは，企業活動に伴って生じる経済価値とその変動のデータを基にして，**貸借対照表と損益計算書**という2つの**決算書**を作るものです。**経済価値**というと難しい表現ですが，**お金や財産とその動き**のことです。お金や財産がいくらあるか，いくら使ったか，いくら増えたかといったデータを材料にして，これを集計して，2つの**決算書**を作るのです。

　では，どうやってデータを集め，どういう作業をして決算書を作るのでしょうか。**貸借対照表**から説明しましょう。なお，貸借対照表のことを英語で，Balance Sheet ということから，**バランス・シート**，あるいは，英語の頭文字を取って，ビー・エスという呼び方も一般化しています。書くときは，B／S と書きます。

■ 貸借対照表と財政状態

　貸借対照表は，期末における資産，負債および純資産の有り高を記載することによって，企業の**財政状態**（財務状態）を示す決算書です。

　最初に，この計算書に記載する**資産**，**負債**および**純資産**について説明します。会計や簿記で使う用語のほとんどは日常語としても使われますが，少し意味が違うことが多いので，ちょっと注意がいります。

資産には何があるか

(1)　現金，預金，土地，建物などの財貨（「お金」と「もの」）
(2)　商品を売ってまだ代金を受け取っていない場合の**支払請求権**（これを**売掛金**といいます）
(3)　他人にお金を貸している場合の**返済請求権**（これを**貸付金**といいます）

　簡単にいいますと，**資産**とは，「お金」と「もの」と「請求権」です。

負債には何があるか

(1)　商品を仕入れてまだ代金を払っていない場合の**支払義務**（これを**買掛金**といいます）

(2)　お金を借りていてまだ返していない場合の**返済義務**（これを**借入金**といいます）

資 産 の 内 容	負 債 の 内 容
お　金──現金	支払義務──買掛金
も　の──商品，備品，建物	返済義務──借入金
請求権──売掛金，貸付金	

> **⦂専門用語を覚えよう！**
>
> ● **売掛金**──ウリカケキン。商品を掛（後払いの約束）で売っ
> 　　　　　　て，まだ代金をもらっていない場合の請求権。
> ● **買掛金**──カイカケキン。売掛金の逆で，商品を掛で買って，
> 　　　　　　いまだ代金を支払っていない場合の支払義務。
> ● **貸付金**──カシツケキン。お金を貸して，まだ返してもらっ
> 　　　　　　ていないときの，返済請求権。
> ● **借入金**──カリイレキン。貸付金の逆で，お金を借りて，ま
> 　　　　　　だ返していない場合の，返済義務。
>
> 　会計の専門用語は，ほとんどが「訓読み」です。要は，古く
> さく読めばいいのです。「音読み」のほうがカッコイイかもしれ
> ませんが，それでは会計に関して無知だと思われてしまいます。

● 純資産は計算上の数値

　いま，借入金などの負債を返済しますと，現金などの資産が減少しま
す。企業がすべての負債を返済したと計算しても，何らかの資産が残る
とすれば，それは企業のオーナー（株式会社なら株主）のものです。**負債
を全部返しても残ると計算される，その計算上の残高を純資産**と呼びま
す。この意味での純資産は，借金を返しても手元に残る具体的な資産と
いうことではなく，現在の**資産の合計から負債の合計を差し引いた差額**
という意味に過ぎません。

> 　資　産　−　負　債　＝　純資産………………（1式）

　この1式の負債を右辺に移項しますと，つぎのような等式になります。

> 　資　産　＝　負　債　＋　純資産………………（2式）

　貸借対照表は，この2式を，そのまま表にしたものです。

```
          （借方）　貸借対照表　（貸方）
        ┌─────────┬─────────┐
        │         │  負　　債  │
        │  資　　産  ├─────────┤
        │         │  純 資 産  │
        │         │  （資本金） │
        └─────────┴─────────┘
```

（注）　貸借対照表の左肩と右肩に，「借方」と「貸方」と書いてあ
　　　ります。これは，「借りる」とか「貸す」という意味ではなく，
　　　「借方＝左側」「貸方＝右側」という意味です。簿記や会計で，
　　　借方（あるいは単に「借」）とか貸方（単に「貸」）と言ったり
　　　書いたりする場合は，すべて右左の意味です。

　たとえば，××年1月1日現在における横浜商店の資産，負債を調べ
たらつぎのようであったとします。

```
現　　　金　¥　200,000　　　銀 行 預 金　¥　500,000
土　　　地　¥　800,000　　　建　　　物　¥1,600,000
借　入　金　¥　700,000
```

　これらを**資産**と**負債**に分類して，両者の差額としての**純資産**を計算し，
貸借対照表を作ってみます。

　なお，個人企業の場合，**純資産**のことを**「資本金」**と呼びます。次に
示す貸借対照表では右側に「資本金2,400,000」と書かれています。

貸 借 対 照 表

横浜商店		××年1月1日		（単位：円）
資　　　　　産	金　　　額	負債および純資産	金　　　額
現　　　　　金	200,000	借　　入　　金	700,000
銀　行　預　金	500,000	資　　本　　金	2,400,000
土　　　　　地	800,000		
建　　　　　物	1,600,000		
	3,100,000		3,100,000

(注)　できあがった貸借対照表をよく見てください。金額には，￥のマーク
がついていません。簿記や会計では，**金額を書くときには￥マークをつ
けない**のです。

　　　もう一つ，金額に，（，：カンマ）がついています。これは，下桁から
3桁目ごとにつけます。右から見て最初のカンマは，千の位で，2つ目
は100万の位，3つ目は10億です。英米では，3桁ごとに位取りが上が
りますので，大きな数字を読みやすくするために，3桁ごとにつけるの
です。英語で千はサウザンド（thousand），100万はミリオン（million），
10億はビリオン（billion）です。カンマが打ってあれば，数字はすぐ読
めるのです。

　　　日本では，万，億，兆と，4桁ごとに位取りが上がるので，4桁ごと
にカンマを打てばすぐに読めますが，3桁ごとにカンマを打たれても
読めません。数字の表記にも国際標準（英米式）を使っているのですが，
不便なだけですね。

● 事業を継続するゴーイング・コンサーン

　企業活動はいつ終わるともなく，継続して行われます。こうして**継続
的に営まれる経営**を，**ゴーイング・コンサーン**といいます。

　ゴーイング・コンサーンでは，企業活動に切れ目がありませんから，
経営がうまくいっているかどうか，いま資産がいくらあるかなどを知る
ために，一定の時間的な区切りをつけて，**経営成績**や**財政状態（財務状
態）**を調べる必要があります。

　この時間的な区切りを，**会計期間**または**会計年度**といいます。多くの企業は，年に1回，4月1日から翌年の3月31日までの期間を会計期間としていますが，4月1日から9月末までと，10月1日から翌年の3月末までの2つの会計期間を使う会社もあります。4月に始まる期間を<ruby>上<rt>かみ</rt></ruby>**期**，10月に始まる期間を<ruby>下<rt>しも</rt></ruby>**期**といいます。期の始まりの日を**期首**，終わりの日を**期末**といいます。

　いずれの場合も，期の終わり（期末）に**決算**（詳しいことは後で書きます）という作業を行います。そのために，各期の期末を**決算日**といいます。

● 中間決算と期末決算

　このように決算は通常年に1回または2回行いますが，2回の場合，上期の決算は**中間決算**といって経営の途中経過を報告するもので，下期に行われる**年度決算（期末決算）**が1年間の総決算を行うものです。さらに，上場会社では3か月ごとの決算を行うようになりました。これを「<ruby>四半期<rt>しはんき</rt></ruby>**決算**」といいます。

　経営を続けていますと，企業の資産や負債が増減し，またその構成が変化します。たとえば，商品を仕入れて販売したり，銀行からお金を借りたり，従業員に給料を支払ったり，あらゆる企業活動は資産や負債の変動を伴います。企業活動の結果によっては，資産や負債の増減だけではなく，その両者の差額である純資産が増減することもあります。

　先の，横浜商店の例をみてみます。1月1日の貸借対照表では，資本金は¥2,400,000でした。その後，営業を続け，期末（12月31日）になって資産と負債を調べたところ，つぎのようになっていたとします。

現 　 金 ¥ 100,000	商 　 品 ¥ 200,000
銀 行 預 金 ¥ 300,000	土 　 地 ¥ 800,000
建 　 物 ¥1,600,000	借 入 金 ¥ 500,000

　資産の合計はいくらでしょうか。借入金以外はすべて資産ですから，その合計は，¥3,000,000です。これから負債（借入金¥500,000）を差し引きますと，純資産（資本金）は¥2,500,000となります。

　期首の純資産（資本金）は¥2,400,000でしたから，この1年間で¥100,000だけ純資産が増加したことがわかります。期首の純資産よりも期末の純資産が大きくなった場合，その差額を**純利益**または**当期純利益**といい，逆に小さくなっていればその差額を**純損失**または**当期純損失**といいます。純利益と純損失をまとめて「**純損益**」ともいいます。

期末資本－期首資本＝当期純利益（マイナスなら**当期純損失**）

　期末に貸借対照表を作るときには，この純利益または純損失を，期首の純資産（資本金）と区別して表示します。

貸 借 対 照 表

横浜商店　　　　　　　　××年12月31日　　　　　　　（単位：円）

資　　　　　産	金　　額	負債および純資産	金　　額
現　　　　　金	100,000	借　　入　　金	500,000
銀　行　預　金	300,000	資　　本　　金	2,400,000
商　　　　　品	200,000	当　期　純　利　益	100,000
土　　　　　地	800,000		
建　　　　　物	1,600,000		
	3,000,000		3,000,000

損益計算書と経営成績

　以上の話からは，横浜商店が１年間で¥100,000の利益を上げたということはわかるのですが，この純利益をどのような企業活動によって手に入れたのかということまではわかりません。そこで，純利益の額を知るだけではなく，**純利益の発生原因**なり**発生のプロセス**を明らかにする必要があります。

　上では，資産から負債を差し引いて純資産を計算し，期首と期末の純資産を比較して純利益をだしましたが，当期純利益は収益と費用を比べても計算できます。

$$収　益－費　用＝当期純利益$$

　ここで**収益**とは，企業の営業活動によって資本を増加させる要因であり，たとえば，**商品売買益，受取利息，受取手数料**などをいいます。また**費用**は，企業の営業活動によって資本を減少させる要因で，たとえば，**給料，旅費，支払利息**などをいいます。

　いま，横浜商店の今年の収益と費用がつぎのとおりであったとします。

（収　　　益）	商品売買益　¥230,000	受取利息　¥ 30,000
（費　　　用）	給　　　料　¥ 80,000 支払利息　¥ 60,000	通　信　費　¥ 20,000

　収益の合計（¥260,000）から費用の合計（¥160,000）を差し引くと，当期純利益（¥100,000）が計算できます。この金額は，**貸借対照表で計算した額と一致**します。

　収益と費用は，当期純損益（純利益か純損失）を発生させる要因ですから，これらを一覧表示すれば，企業活動の状況（**経営成績**）がよく把握できます。貸借対照表（バランス・シート）と同じように，一枚の紙の上に収益と費用を分けて記載し，当期純損益を示した表を，**損益計算書**といいます。英語で，Profit and Loss Statement というところから，頭文字を取って，ピー・エルとも呼んでいます。書くときは，Ｐ／Ｌと書きます。横浜商店のピー・エルを作ってみます。

損 益 計 算 書

横浜商店　　××年1月1日から　××年12月31日まで　　　　（単位：円）

費　　　用	金　　額	収　　　益	金　　額
給　　　　料	80,000	商 品 売 買 益	230,000
通　信　費	20,000	受 取 利 息	30,000
支 払 利 息	60,000		
当 期 純 利 益	**100,000**		
	260,000		260,000

貸借対照表と損益計算書の関係

　当期純利益は，**貸借対照表**から見ますと，1年間における**純資産の増加分**です。**損益計算書**からみますと，純資産の増加と減少の原因となる**収益と費用の差額**です。

　ですから，当期純利益の額は，つぎの式が示すように，資産の側から
でも収益と費用の側からでも，どちらからでも計算できます。

期末純資産－期首純資産＝当期純利益……………(1)
収　益－費　用＝当期純利益………………………(2)

⑴式の，期首純資産と期末純資産はつぎのようにして求めました。

期首資産－期首負債＝期首純資産…………………(3)
期末資産－期末負債＝期末純資産…………………(4)

この⑴式に，この⑷式の左辺を代入しますと，

（期末資産－期末負債）－期首純資産＝当期純利益

となり，これを変形すると，つぎのようになります。

期末資産＝期末負債＋期首純資産＋当期純利益…(5)

　この⑸式をよくみてください。⑸式からわかることは，**期末の資産が，
期末の負債と，期首からあった純資産と，その期の当期純利益の合計に
等しい**ということです。この⑸式を，一覧表にしたのが，上に示した**期
末貸借対照表**です。

　以上のことから，貸借対照表と損益計算書は，つぎのような関係に
なっていることがわかると思います。

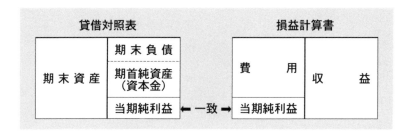

　ところで，よく見ると，貸借対照表では当期純利益が右側にでていますが，損益計算書では左側にでています。どうして2つの計算書で反対側に出るのでしょうか。そうしたことが疑問になったら，ぜひ，簿記の本を読んでみてください。こんなところに，簿記の秘密があるのです。

● 借方は左，貸方は右

　なお，上で述べましたように，簿記や会計では，**左側のことを「借方」**，**右側のことを「貸方」**と呼びます。昔は，貸すとか借りるという意味もあったのですが，いまでは，単に「借方＝左側」，「貸方＝右側」という意味です。

専門用語を覚えよう！

　会計や簿記では，**借方・貸方**という用語を使います。しかし，「借りる」とか「貸す」という意味は今はありません。

- **借　　方**——仕訳や帳簿の左側のこと。Ｂ／Ｓなら資産，Ｐ／Ｌなら費用を表します。

- **貸　　方**——仕訳や帳簿の右側のこと。Ｂ／Ｓなら負債と純資産，Ｐ／Ｌなら収益を表します。

- **ゴーイング・コンサーン**——**継続企業**ともいいます。企業は，普通，将来にわたって事業を続けることを前提として活動しています。こうした前提に立って経営する事業をいいます。

- **経営成績**——一定期間（半年とか１年）における事業の成果（普通は，利益として計算されます）をいいます。

- **財政状態**——一定時点（期末）における企業の資産・負債の状態をいいます。**財務状態**といったほうがわかりやすいかもしれません。

簿記の締めくくり——決算

　簿記の仕事は，２つあります。１つは，日々の企業活動を正しく把握して，**資産，負債，純資産の増減と変化，収益，費用の発生を継続的に帳簿に記録すること**です。

　帳簿に記録するには，企業活動が金額的に測定できなければなりません。お金を払ったり受け取ったりすれば，資産が増減したということも金額もわかります。しかし，従業員を雇い入れた（まだ給料は払っていな

い) とか備品の見積もりを取った (まだ買うかどうか決めていない) といっ
た場合には，資産や負債が増減したわけでもなく，収益や費用も発生し
ていません。

　簿記では，資産・負債・純資産・収益・費用のいずれかが変化して，
かつその金額がわかる場合は帳簿に記録しますが，それ以外のときは帳
簿には記録しません。こうした帳簿に記録されることがらを「**取引**」と
呼びます。

● 簿記や会計でいう「取引」

　日常の会話では，誰かと誰かが商品などを売り買いすることや，土地
や建物を賃貸借することなどを「**取引**」といいますが，簿記や会計では
すこし違った意味で使います。

　簿記や会計では，何が原因であれ，**資産・負債・純資産・収益・費用
に変化をもたらすこと**であれば，すべて**取引**と呼びます。そうした変化
の生じないことは取引には含めません。

● 泥棒に入られても「取引」

　たとえば，店に泥棒が入って金庫の中に入っていたお金を盗まれたと
しましょう。日常の会話では，「泥棒と取り引きした」とはいいませんが，
簿記では，現金という資産が減少したので，「取引」と考えて，帳簿に
記録します。

　不幸にして**倉庫を火事でなくした**とします。この場合も，日常会話で
は「取引」とはいいませんが，簿記では倉庫という資産を失ったのです
から「取引」と考えて，帳簿に記録します。

● 土地を借りても「取引」にならない

　土地や建物を借りる契約をしたとか**従業員と雇用契約を結んだ**というようなことは，日常会話では取引に入りますが，簿記や会計では取引とはいいません。なぜなら，資産・負債・純資産・収益・費用に変化をもたらさないからです。もちろん，こうした契約でも，土地の賃貸料を受け取ったとか従業員に給料を払ったという場合には，資産の増減をもたらしますから，取引になります。

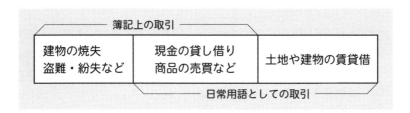

　普段は何気なく使っている「**取引**」ということばですが，簿記や会計では，上に述べたような特殊な意味で使います。どうですか，このことを知っただけでも，どこか会計がわかりかけてきたような気がしませんか。

CHAPTER 3

決算書を作るときの ルールには何があるか

決算書を作るルールと監査

今日の大企業は，生命保険会社（大手は相互会社形態）を除き，**株式会社**の形態を取っています。株式会社の所有者（オーナー）は**株主**ですが，他にも，債権者，取引先，従業員，消費者，課税当局など，たくさんの**利害関係者**がいます。

さらには，これからこの会社と取引を始めようとしている者，この会社の株や社債を買おうとしている「**将来の投資家**」もいます。これらの利害関係者は，会社の**経営成績**や**財政状態（財務状態）**に強い関心を持っています。

したがって，各会社は，こうした利害関係者のすべてを納得させるような，**公正かつ適正な会計処理・報告**をする必要があります。わが国では，**会社法，金融商品取引法**などが，こうした利害関係者の要望に応えて，決算期ごとに**決算書（財務諸表）**を公表することを義務づけています。

しかし，もし，開示された決算書が虚偽の内容を含んでいたり，不適切な判断の下に作成されたものであったなら，その決算書は**真実な経営成績・真実な財務状態（財政状態）**を示さないでしょう。

● 会計のルール

そこで，どうすれば真実な経営成績や財務状態を示すことができるか，公正で適正な会計処理をするにはどうすればよいか，などを明らかにした基準（会計のルール）を決める必要が生じるのです。こうして決められたのが，**会社法の計算規定（会社計算規則）**，**財務諸表等規則**，**企業会計原則**，**企業会計基準**などの会計ルールです。

以下，こうした会計ルールの目的や適用対象について，すこし詳しい話をします。

専門用語を覚えよう！

● 債　権　者——会社などに対して債権を持っている者。会計では，会社に対して支払請求権（**売掛金，貸付金**）を持っている者をいう。

● 利害関係者——株主，債権者，取引先，従業員，消費者，課税当局など，**会社に対して利害を持つ者**を総称していう。

● 課　税　当　局——会社などに対する税金を確定し，徴収する機関。**国税庁**やその地方出先機関である**税務署**をいう。

会社法会計の目的――なぜ，債権者を保護するのか

　わが国には，会社が260万社ほどあります。そのうち，株式会社が245万社，合名会社と合資会社が5万社，合同会社が3万社ほどあります（国税庁）。会社法の制定により，**有限会社**の制度はなくなり，これまでの有限会社は，一定の手続きをとれば，**株式会社**になることができるようになりました。

　資本金を基準としてみますと，1億円未満の株式会社が110万社ほどありますから，日本の企業は，数の上ではほとんどが中小企業だということになります。資本金が1億円を超える会社は約2万社，そのうち，**証券取引所に上場している大企業**は，2,700社ほどで，店頭市場であるＪＡＳＤＡＱ（ジャスダック）等に上場している会社が1,000社ほどあります。

　会社組織ではない企業もたくさんあります。生活協同組合（生協）や農業共同組合（農協）のような組合組織，個人が営む事業もあります。

● 資金の運用状況と運用効率

　どのような**企業形態**をとっても，資金を使って事業を営む以上は，**資金の運用状況や資金の運用効率**を知る必要があります。会計の用語を使っていいますと，**経営成績と財政状態**です。

● 会計情報はどうやって入手するか

　個人で事業を営んでいる場合や，自分が会社の経営者である場合は，会計情報を入手するのにさしたる問題はありません。**内部統制組織**を確

立して，下部組織から必要な情報を適時に入手するように工夫すればよいのです。

　ところが，自分が大きな会社の株主や債権者であったり，これから会社の株式や社債を買おうとしている場合には，会社の情報を手に入れる道は，かなり狭いのです。

　株式会社の場合，株式を発行して，一般の投資大衆から小口の資金を集めて大口の資本とし，大規模な事業を展開することが可能です。そうした会社の場合には，**経営に直接に関与しない株主**（これを**不在株主**といいます）がたくさんいます。この人たちは，自分が出資した資金がどのように運用され，どのような成果があがり，その結果，どれだけの配当がもらえるかを知る権利があります。そうした情報が公開されることを前提として，投資活動が行われているといったほうがいいのかもしれません。

　多数の，経営に直接タッチしない投資家から資金を集め，それを元手として事業を行う経営者の立場からは，預託された資金を，どのように活用し，それからどれだけの成果を上げたかを，**資金提供者に継続的に報告する義務**があります。

● **資金提供者への報告＝会計報告**

　こうして**資金の提供者**に対して直接的に**会計情報の伝達**を行うことを「**会計報告**」といいます。また，将来，新株や社債を発行して新たな資金を集めるときのために，**潜在的な資金提供者**（将来の投資家）に対しても，企業の活動状況を知らせておく必要があります。

　こうした，資金の提供者（現在および将来の投資家）と**資金運用を受託**

する経営者との間で行われる**情報の一般的な公開**を，**企業内容の開示**とか，**ディスクロージャー**といいます。ディスクロージャーについては，後で詳しく述べることにします。

　株式会社の所有者（出資者）は**株主**です。ただし，株式会社には，貸付金の形で資金を提供したり，売掛金などの債権をもったりする人もいます。こうした立場の人たちを**債権者**といいます。また，上にも書きましたように，株主や債権者などをまとめて，**利害関係者**ということもあります。

● 会社法は債権者保護の考え

　会社法には，かなり詳しい会計規定が盛り込まれています。会社法に盛り込まれている会計規制は，「**債権者保護**」を目的としているといわれています。会社法は，誰から，何の目的で債権者を保護しようとするのでしょうか。

　株式会社の場合，**株主総会**を最高位の意思決定機関としており，債権者が意思決定に参加することはありません。したがって，場合によっては，株主総会が，債権者にとって不都合な決定をすることも考えられます。

　たとえば，儲けてもいないのに利益を計上（**架空利益の計上**）して配当したり，繰延資産を無条件に計上（**資産の水増し・費用の非計上**）したり，固定資産の減価償却をしなかったり（これも資産の水増し・費用の非計上になる）すれば，会社の資産が貸借対照表に記載される金額より少なくなります。これでは債権者は，貸借対照表を信用して資金を貸すことはできませんし，あるいは，貸したお金の**担保（返済財源）**が貸借対照表に記載されている資産よりも少なくなってしまうでしょう。

　その会社には10億円の純資産があるから安心だと考えて資金を貸したところ，株主が勝手に利益を水増ししたり費用を計上しなかったりすれば，債権者の債権に対する担保（会社が負債を支払う財源）が減少してしまうのです。

　そこで会社法では，株主の自分勝手な意思決定から**債権者の利益（債権）を守るために**，**資産の評価方法や負債の金額決定方法，繰延資産に関するルール，減価償却の方法**などを規定しているのです。

　会社法の会計規定は，債権者（の権利）保護を基本的な目的としているといわれています。しかし，その規定を細かく見てみますと，会社の健全経営とか永続的経営，すなわち，**会社が財務（資金繰りや財産保全）と経理（損益計算）の両面で健全性を維持することを求める規定**も少なくありません。そういう面を考えますと，今日の会社法は，債権者保護にとどまらず，会社に対して健全な経営と経理を求めることが目的となっているといえるようです。

：専門用語を覚えよう！

● **架空利益**──実際の利益ではなく，会計数値をごまかして捻出された利益をいう。

● **資産の水増し**──実際に存在しない資産をバランスシートに書いたり，実際の金額よりも多く記載すること。

● **上　　場**──証券取引所において，会社が発行する株式・社債を売買するようになること。株式などを上場した会社を**上場会社**という。

● **不在株主**──株主は会社のオーナーであるが，大規模会社の場合，大多数の株主は経営には直接タッチしない。そうした株主をいう。

会社法のディスクロージャー規定

　株式会社の場合，その規模の大小に関係なく，**会社法の開示**（ディスクロージャー）**規定**が適用されます。たとえば，株式会社は，決算期ごとの**計算書類**（財務諸表とほぼ同じ）を，本店に５年間，支店に３年間備え置いて，**株主と債権者の閲覧**に供さなければなりません（会社法442条１，２，３）。

● **帳簿閲覧権**

　また，定時株主総会の招集通知には，取締役会の承認を受けた計算書類と会計監査報告を添付^{てんぷ}しなければなりません（会社法437条）。さらに，発行済株式または議決権の100分の３以上を所有する株主には，**会社の会計帳簿などを閲覧する権利**が与えられています（433条１）。

　これらの**開示制度**は，株主，債権者（たとえば，その会社の社債を購入した人，銀行・保険会社などの貸付金がある者，売掛金や受取手形をもっている取引先など）を対象としたものです。会社法では，株主でも債権者でもない人たちに，計算書類を閲覧する権利を与えてはいません。

　すでに会社との間に利害関係が生じている人たちには，このように**会計情報を受け取る権利**があるのですが，これからこの会社と取引を始めようとしたり，この会社の株式や社債を買おうとしたりする人たちは，その会社の会計情報を入手する道はかなり狭いのです。

● **決算公告制度**

　そこで，会社法では，会社に対して，**貸借対照表またはその要旨を**

「**公告**」(「広告」ではありません) することを要求しています (440条 1, 2)。
大規模会社の場合は，損益計算書またはその要旨も公告しなければなり
ません。

　ただし，「有価証券報告書」を提出している会社の場合は，「公告」し
なくてもよいことになっています。「有価証券報告書」には，決算公告
よりもはるかに詳しい会計情報が記載されており，誰でもこの情報を入
手することができるからです。

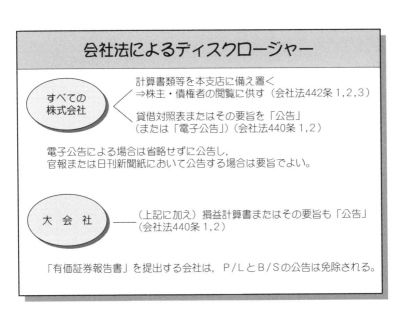

会社法によるディスクロージャー

すべての
株式会社

計算書類等を本支店に備え置く
⇒株主・債権者の閲覧に供す (会社法442条 1, 2, 3)

貸借対照表またはその要旨を「公告」
(または「電子公告」)(会社法440条 1, 2)

電子公告による場合は省略せずに公告し，
官報または日刊新聞紙において公告する場合は要旨でよい。

大 会 社 ── (上記に加え) 損益計算書またはその要旨も「公告」
(会社法440条 1, 2)

「有価証券報告書」を提出する会社は，P/LとB/Sの公告は免除される。

　なお，会社法では，株式会社の会計についておおまかな規定しか設け
ず，細かな規定は「**会社計算規則**」という省令に委ねられています。こ
の規則は，すべての株式会社に適用されます。

> **∴専門用語を覚えよう！**
>
> ●**決算公告**——官報や日本経済新聞のような全国紙に有料の記
> 事を掲載するか，会社のホームページ上で決算
> 書の概要を公開すること。
>
> ●**有価証券報告書**——証券取引所に上場しているような大規模
> 会社の場合，事業年度ごとに，総理大臣に所定
> の報告書を提出する。会社の営業や経理の状況
> など，企業内容を開示する書類。「**有報**」と略称
> される。これらは，ネットで「ＥＤＩＮＥＴ」
> と入力して検索すれば無料で見ることができる。

つぎに，金融商品取引法の会計目的について話をします。

金融商品取引法会計の目的
——なぜ，投資者を保護するのか

　金融商品取引法は，証券市場の健全な育成・運営と投資意思決定に必
要な情報が提供されるために必要な制度を定めたものです。「**金商法**」
と略して呼ばれることがあります。

　会社法が「**債権者保護**」を目的としているのに対して，**金融商品取引
法**は，より広く，「**投資者保護**」を目的としています。会社法には債権
者保護という目的は明示されていませんが，金融商品取引法には，その
第１条に「この法律は，国民経済の適切な運営及び投資者の保護に資す
るため……」と，その目的が明示されています。

● 大規模会社への適用
　金融商品取引法の会計規定が適用されるのは，**証券取引所に上場して**

いる会社など，ほぼ大規模会社です。

　大規模会社の場合，巨額の資金を必要とすることから，株式（株券，すなわち，会社の所有権を示す有価証券）を多数の一般投資者に販売して資金を集めます。

　こうして株主となった者は，多くの場合，全国・全世界に散らばっていたり，一人あたりの投資の額が小さかったり，経営そのものには関心がない人たちです。彼らは，通常，会社の経営には参加せず，**株主としての権利と利益**（議決権とか利益配当請求権）だけを求めるのです。すでに述べましたように，こうした経営にタッチしない株主を「**不在株主**」といいます。

> **専門用語を覚えよう！**
> ● 証券取引所──会社が発行する株式を売買するところで，証券会社が会員となって組織しています。東京，大阪，名古屋，福岡，札幌にあり，約2,700社が上場しています。

● 投資意思決定に必要な情報

　ところで，今，余裕資金があって，どこかの会社に投資（株式を購入）したいと考えている人がいるとしましょう。どのような情報があれば，投資先を選定できるでしょうか。

　株式投資には，会計情報に限ってみましても，その会社の**収益性・安全性・生産性・将来性**など，多面的な情報を必要とします。そうした情報が提供されない限り，投資者は安心して投資先を決められないのです。

　最近のように企業活動における規制を緩和しますと，企業活動に関する情報の公開を強化しなければ，投資者は適切な意思決定ができなくなります。規制緩和の時代に，会計規制が強化されるのは，このためです。こうした工夫をして，一般の投資家が安心して証券投資ができるようにしようというのです。

金融商品取引法のディスクロージャー規定

● 開　示　法

　この法律は，会社に対して，**投資者の意思決定に必要な情報を十分に提供させることを目的**としているために，「**開示法（ディスクロージャー法）**」として定められています。

● 財務諸表等規則

　すなわち，本法では**会計に関する実質的な規定**（たとえば，利益計算，資産評価，原価配分などの規定）は置かず，**会計情報の公開の仕方**（主に，**財務諸表のひな形**）**に関する規定**を置くにとどめているのです。具体的な規定は，金融商品取引法ではなく，その細則に当たる「**財務諸表等規則**（**財規**と略称されます）」という内閣令に定められています。

金融商品取引法によるディスクロージャー

上場会社等

総額１億円以上の
有価証券を募集ま
たは売り出す会社
　　　　　　｝「有価証券報告書」
　　　　　　を作成

内閣総理大臣
　　　　　　へ提出⇒一般公開
証券取引所

｛「募集」とは新規
に発行する場合で，
「売り出す」とは，
既発行の有価証券
を売ること

　「有価証券報告書」は，自社の株式や社債を証券引取所に上場している場合
に，事業年度ごとに，会社とその企業集団に関する経理の状況などを総理大臣
に提出（その後，一般に公開）する書類である。会社とその企業集団の財務諸
表，その他，事業の内容に関する重要な事項が記載される。

 E D I N E T

　金融商品取引法が適用されるのは，大規模会社です。そうした会社を
「**金商法適用会社**」といいます。

　金商法適用会社の「有価証券報告書」（この中に財務諸表が記載されてい
る）は一般に公開されています。ネットで「ＥＤＩＮＥＴ」と入力して
みて下さい。各社の現在と過去の会社情報を見ることができます。

　財務諸表等規則は，有価証券報告書に収容される財務諸表の作成方法
などを定めたものです。この規則は，大規模な，国民経済に大きな影響
をあたえるような会社に適用されるため，かなり詳細で，また，この規
則の取扱いに関して「**財務諸表規則等ガイドライン**」が定められていま
す。

　会社法にも，株式会社の**財務諸表**（会社法では**計算書類**という）については，その公開の仕方を定めた細則（法務省令）があります。「**会社法施行規則**」と「**会社計算規則**」です。金商法の「**財務諸表等規則**」と「**会社法施行規則**」「**会社計算規則**」では，かなり規定の内容が異なります。それはなぜでしょうか。

● **会社法施行規則・会社計算規則の適用対象**

　会社法施行規則・会社計算規則は，ソニーやトヨタなどの世界に知られた巨大会社をはじめ，街角の電器屋さん，町はずれの鋳物工場_{いもの}など，株主は少人数であっても，**株式会社の形態をとる企業すべてに適用**されます。

　そのために，中小規模の会社でも決算書（財務諸表）を作ることができるように，またそうした会社の株主が財務諸表を理解できるように，比較的簡素な規定にとどめているといわれています。株主に会計の知識があまりなくても，会社のことがある程度わかるように配慮してあるのです。

● **財務諸表等規則の適用対象**

　それに対して，金商法で定める**財務諸表等規則**は，**証券取引所に上場**しているような大規模会社だけを対象としています。そうした会社には極めて多数の投資者が，全国・全世界に散在しています。現在の株主だけではなく，これからこの会社の株を買おうかと考えている**潜在的な投資者**もいます。投資額も巨額にのぼるでしょう。そのために，財務諸表等規則の規定は，会社法よりも，より細かく，また，ある程度の専門知識があることを前提にして財務諸表が作成されるように規定されているのです。

会社法施行規則・会社計算規則と財務諸表等規則（金融商品取引法）とは，それぞれ，**財務諸表を作成する会社の規模**と，その**財務諸表を読む投資者の会計知識**の違いを考慮して，違った規定を設けているのです。

 税法会計の目的――法人所得への課税のあり方

● **法 人 税**

会社に対して課せられる税のうち，一番重要なのは「**法人税**」です。法人税は，**法人**（会社）**の所得に対して課す税**で，その意味からいいますと**法人所得税**です。ここでいう「**所得**」は，会計でいう「**利益**」とほぼ同じ意味です。

● **法 人 税 法**

法人税に関する規定は，法人税法に定められています。ただし，法人税法は，会社の所得に関する規定を設けていません。法人税法では，課税所得の前提となる**企業所得**を，自らの法の中では規定せず，**会社法上の利益**を使っているのです。

● **確定決算主義**

株式会社の場合には，**定時株主総会または取締役会**において**計算書類（決算書）を承認**します。ここで確定した計算書類に書かれている利益額をもって，**法人の企業所得**とします。このことから，法人税法では，**確定決算主義**を採用しているといわれます。

ただし，株主総会または取締役会で確定した利益額をそのまま課税所得とするのではなく，**税収の確保**とか**課税の公平**，さらには，そのときどきの**産業政策**などの必要から，会計上の利益を一部修正して，これに

税を課すことにしています。たとえば，ＩＴ産業を育成する必要がある
ときは，ＩＴ関連事業の税負担を軽減するといったことが行われます。

CHAPTER 4

会計の一般原則には何があるか

　すでに述べましたように，**会社法は「債権者保護」を目的**とし，**金融商品取引法は「投資者保護」を目的**としています。そのために，それぞれの法は，法の目的を達成するのに必要なことだけを規定しています。

　そのため，会社法の規定だけで会計（記録，計算，決算）を行うことはできません。企業活動を記録・計算して，決算まで行うにはそのほかにもさまざまなルールが必要です。言い換えますと，会社法や金融商品取引法は，そうしたさまざまなルールが別にあることを前提にして，それぞれの法目的を達成するための規定を補足的・追加的に定めているのです。

● 一般に公正妥当と認められる企業会計の慣行

　たとえば**会社法**では，「**株式会社の会計は，一般に公正妥当と認められる企業会計の慣行に従うものとする**」（会社法431条１）と定めています。

　ただし，会社法では，「**公正妥当な会計慣行**」が何であるかは具体的に示していません。一般的には，大企業向けに金融庁の**企業会計審議会**や民間の基準設定機関である**企業会計基準委員会**が公表する意見書や会

計基準がこれに含まれると考えられています。

● 企業会計原則

　企業会計審議会が公表した「**企業会計原則**」は，**企業会計の実務**において**慣習として発達したもの**の中から「**一般に公正妥当**」と認められたものを要約して，**会計処理や会計報告の基準**としてまとめたものだといわれています。

　企業会計原則は，法令ではありません。英米法の世界でいう「**コモンロー**」に近いもので，**会計に関する一般的規範**とみなされています。

　ここでは，企業会計原則の詳細を述べるだけのスペースがありませんので，企業会計原則に定められている基本的・一般的な原則（これを，**一般原則**といいます）を紹介します。いずれの原則も，会計の考え方を知るうえできわめて重要なものですが，「原則」といった性格のものではなく，**近代会計の考え方**とか**会計の目的**をシンボリックに表明したものです。

▰ 真実性の原則

　企業会計原則の冒頭に書かれている原則です。

企業会計原則　一般原則　第 1

「企業会計は，企業の財政状態及び経営成績に関して，真実な報告を提供するものでなければならない。」

この文言を，一般に，「**真実性の原則**」と呼んでいます。簡単にいいますと，**会計報告（決算報告）を行うにあたっては真実を伝えること**，うそをいわないこと，を要求しています。

報告書や手紙を書くときの作法としては「本当のことを書く」のは当たり前のことです。あえていうまでもないことですが，そうしたことをルールブックの最初に書くのですから，この原則は倫理規定の意味合いが強いといえるでしょう。

ところで，真実を伝えることはそう簡単ではありません。何をもって真実とみるかは，国により，人により，時代によって異なるからです。「東京の大学に合格した」というのと「東京大学に合格した」ではまるで意味が違いますが，東京大学に合格した者にとってはどちらも真実となります。

会計の世界でも，ある面から見たら真実だけれど，見方を変えたら真実でなくなるということがしばしば起こります。そういうときにはどうしたらよいでしょうか。日本ではハッキリしたルールはありませんが，英米では「誰に対してもフェアであること」とか，「真実かつ公正であること」を求めるルールがあります。

● **企業会計原則への準拠**

わが国では，「フェア」とか「公正」という概念が根付いていないために，「**企業会計原則に準拠して行われる会計処理と会計報告**」をもって真実なものとみなしています。

会計が追求する真実は，会計の目的が変わったり，会計原則が変われば，それにつれて変化します。会計では，唯一絶対の真実（**絶対的真実**）

というより，会計原則や会計目的に適合した真実（**相対的真実**）を求めているのです。

真 実 性 の 原 則

（要求）

会計処理の真実性
会計報告の真実性 ┘ の両者が要求される

（表面的には「報告の真実性」のみが要求されているようにみえるが，報告の真実性の前提として「処理の真実性」がある）

① **不実行為**を排除すること

事実に反する会計行為

有るもの（大きいもの）→無いという（小さいという）

無いもの（少ないもの）→有るという（多いという）

② 公正性を確保すること（誤解を防止する）

（目的）

 正規の簿記の原則

企業会計原則　一般原則　第2

「企業会計は，すべての取引につき，正規の簿記の原則に従つて，正確な会計帳簿を作成しなければならない。」

ここで「正規の簿記」とは，企業におけるすべての取引を正確・整然・明瞭に，かつ継続的に記録することができる簿記システムをいいます。大規模会社については，**複式簿記**が最も適しています。

　しかし，零細な企業や取引が極端に少ない事業などでは，わざわざ複式簿記を使わなくても，**単式簿記**のような簡便な記帳法でも，継続的・秩序的な記録を残すことができ，正確な会計帳簿を作成することが可能です。したがって，企業規模や取引量によっては，**単式簿記も正規の簿記**と考えることができます。

正規の簿記＝会計報告書の作成方法として的確な簿記

　正規の簿記の要件

　　⇓

　①　網羅性（一定期間に発生したすべての取引を記録できること）

　②　記録の検証可能性（実際の取引その他検証可能な証拠に基づいた記録ができること）

　③　秩序性（継続的かつ組織的な記録ができること）

　④　財務諸表の誘導可能性（その記録から，財務諸表を誘導的に作成することができること）

専門用語を覚えよう！

● **単式簿記**──複式簿記以外の簿記システムを総称して，単式簿記という。多くの場合，すべての取引を記帳するのではないので，**貸借平均の原理**が働かない。複式簿記でいう，借方か貸方のいずれかを単記入する方式が多い。

● **複式簿記**──経済主体（企業）の，資産・負債・純資産とその変化を，**貸借記入の原則**を使って継続的に記入し，損益の計算と財産の計算を同時に行う簿記システムをいう。

資本取引・損益取引区別の原則

企業会計原則　一般原則　第3

資本取引と損益取引とを明瞭に区別し，特に資本剰余金と利益剰余金とを混同してはならない。

　会計上の取引のうち，通常の営業取引は収益や費用を発生させ，結果として企業の純資産を増減します。しかし，損益の発生以外の原因から純資産を増減させる取引もあります。たとえば，株主が追加の資本を払い込んだような取引がそうです。

● 損益取引と資本取引

　前者のような，「損益を発生させる取引」を「損益取引」といい，後者のような，「直接に純資産を増減させる取引」を「資本取引」といいます。

　資本取引は，企業の元手（資本）を直接に増減させる取引であって，損益取引は，その元手（資本）を運用する取引です。運用の結果，元手が増加（利益の発生）することもあれば，減少（損失の発生）することもあります。

果樹（資本）と果実（利益）

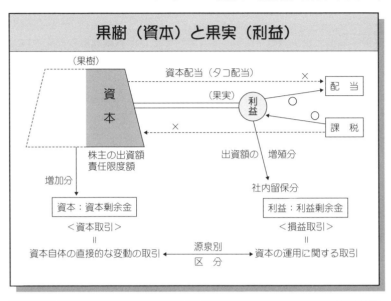

「資本と利益の区別」の二義

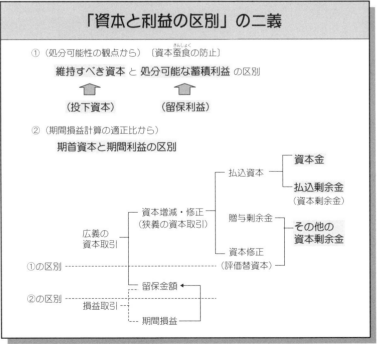

　資本取引と損益取引を区別するということは，**資本取引の結果として企業内部に留保される元手（資本）**と，**元手を運用（損益取引）した結果として生じる損益**を混同しないようにすることです。

 明瞭性の原則

> ## 企業会計原則　一般原則　第4
>
> 「企業会計は，財務諸表によつて，利害関係者に対し必要な会計事実を明瞭に表示し，企業の状況に関する判断を誤らせないようにしなければならない。」

　この原則は，企業の**利害関係者**（株主，債権者，取引先，課税当局など）が企業の**経営成績**や**財政状態**について正しい判断をするにあたって必要な**会計事実を財務諸表**によって**明瞭に表示**することを要請するものです。

● **詳細性と概観性**

　ある事実を明瞭に（正しく判断できるように）示すという場合，2つのことが考えられます。1つは，詳しく示すこと（**詳細性**）であり，もう1つは，一目で分かるように示すこと（**概観性**）です。

　ところが困ったことに，**詳細性と概観性は両立しない**のです。詳しく示そうとすれば概観性を失いますし，一目で分かるように示そうとすれば細部が示されません。地球儀は世界全体を一目でとらえるには便利ですが，地球儀を手にして旅行をするわけにはいかないのと同じ道理です。

　そこで，**概観性のある情報を先に示しておいて**，必要に応じて**詳細な情報を示して補足**するということが行われます。

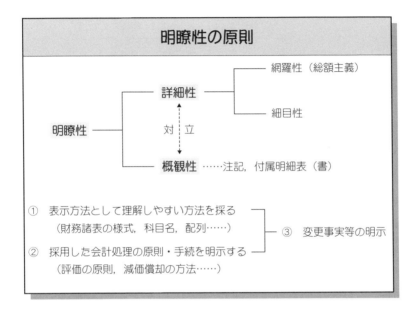

● 補足情報と附属明細書

　会計情報の場合には，損益計算書や貸借対照表の本体ではあまり詳しい情報を示さずに概観性を保つようにしておいて，必要に応じて，**補足情報を注記**したり，**附属明細書を添付**したりします。

継続性の原則

企業会計原則　一般原則　第5

> 「企業会計は，その処理の原則及び手続を毎期継続して適用し，みだりにこれを変更してはならない。」

　これを一般に，「**継続性の原則**」といいます。ある会計方法や手続きを採用したら，この方法を毎期継続して適用し，正当な理由なくこれを変更してはならない，というものです。なぜ，こうしたルールが必要なのでしょうか。

　いま，**減価償却**のことを考えてみましょう。固定資産の価値の減少を計算する主な方法としては，**定額法**と**定率法**があります。定額法では，固定資産の価値は，毎期，均等額ずつ減少するという仮定の下に減価償却費を計算します。定率法では，償却の初期には多めの減価が発生し，後期になるにつれて減価が小さくなるという仮定の下に償却費を計算します。

　この2つの方法は，非常に長い歴史をもち，どちらが優れているとはいえません。そこで，会社法でも企業会計原則でも，企業が減価償却の方法を選択するときには，どちらを選んでもよいとしています。**認められた複数の会計方法があって，その方法に優劣がつけられない場合には，自由な選択を認めている**のです。

　定額法も定率法も，同じ方法を最後まで継続して適用することを要求

するのは，(1)**会計数値の期間比較可能性を確保すること**，(2)**経営者の利益操作を排除すること**，を目的としているといわれています。

　もし，定額法を採用した企業が，途中で定率法に変更するとすれば，毎期に計上される減価償却費が**期間的連続性**をもたなくなります。

　それ以上に重要なのは，**なぜ，会計方法を変更するのか**です。多くの場合，会計方法を変更するのは，利益数値を「マッサージ」（利益操作）したいからです。そうした恣意的な操作を排除するために，**一度採用した会計方法は，正当な理由がない限り，変更を認めない**のです。

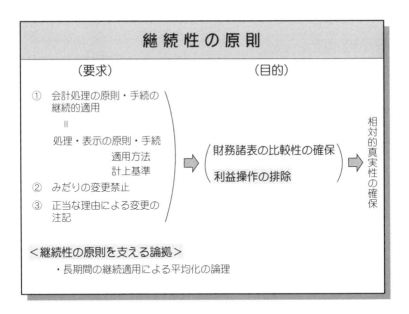

● 正当な理由

　では，**会計方法を変更する正当な理由**としては，どういう理由があるのでしょうか。これを，図で示しておきます。

「正当な理由」による変更の例

（1）従来慣行的に採用されていた方法からより合理的な方法への変更

　　①　税法に規定する方法　⇒　他の合理的な方法

　　②　現金主義による会計処理　⇒　発生主義による会計処理

（2）財務内容のより適正な表示になる変更

（3）財政状態に著しく不利な影響を及ぼす可能性のある時に，保守的主義の枠内でより保守的な方法に変更

　　（例）　時価下落傾向の時に，原価主義　⇒　低価主義

（4）法令，規則（含，税法）の改正等に伴う変更

（5）監督官庁の関係法令等の解釈・運用方針の公表・変更に伴う変更

保守主義の原則

　保守主義というのは，政治の世界にも，企業活動にも，日常の家庭生活にも，どこの世界にもあります。「**リスクが伴うときには，そのリスクに備えて用心しよう**」という姿勢で，一種の生活の知恵です。車を運転していて，カーブの先の見通しが悪いときには誰でも減速します。予約した飛行機や新幹線に乗るときは，すこし時間的に余裕を持って出かけるでしょう。いずれも，起こりうるリスクに備えているのです。

　企業会計原則にも，そうしたリスクを避けようという姿勢があります。つぎのように書いてあります。

企業会計原則　一般原則　第6

「企業の財政に不利な影響を及ぼす可能性がある場合には，これに
備えて適当に健全な会計処理をしなければならない。」

　これを，一般に「保守主義の原則」とか，「安全性の原則」といいます。
要するに，会計処理においては，**利益を出すときは慎重に，費用は早
め・多めに計上する**，つまり，**「石橋を叩いて渡れ」**ということでしょう。

　会計では，**見積もりによる計算**をしなければならないことがたびたび
あります。たとえば，減価償却をとりましても，耐用年数も残存価額も
見積もりです。売掛金や貸付金が貸倒れになる場合に備えて設定する
「貸倒引当金」も，将来の貸倒れを見積もって金額を決めます。

● 保守的な経理

　そうした見積もりの計算をする場合には，**収益や利益が控えめに出る
ように，費用が多めに出るように保守的な経理をする**ほうが，その逆よ
りも**健全な結果**をもたらすといわれています。

保守主義の原則（安全性の原則）

企業の財政に不利な影響を及ぼす可能性
のある場合（予測される将来の危険） これに備えて，慎重な判断に
基づく適当に健全な会計処理

保守主義の意義

＝一般に公正妥当と認められた会計処理や見積もりの方法の
枠内で，より多くの費用・損失が計上される方法，より少
ない収益・利益が計上される方法を採ることを妥
当とする思考

（条件）
方法の選択について，いずれを選択すべきかの客
観的データがないこと

この枠から外れると**過度の保守主義**

 単一性の原則

企業会計原則　一般原則　第7

「株主総会提出のため，信用目的のため，租税目的のため等種々
の目的のために異なる形式の財務諸表を作成する必要がある場合，
それらの内容は，信頼しうる会計記録に基づいて作成されたもので
あつて，政策の考慮のために事実の真実な表示をゆがめてはならな
い。」

● **財務諸表の作成目的は多様**

　企業の財務諸表はいろいろな目的で作成されます。**株主総会に提出す
る財務諸表**は，すでに紹介しましたように，**会社法施行規則・会社計算**

規則に形式が定められており，**有価証券報告書に収容する財務諸表**は，**金融商品取引法・財務諸表等規則**によって形式が定められています。

　銀行や保険会社などからお金を借りるために（**信用目的**といいます）財務諸表を作成する場合は，法令に従って作成する必要はありませんが，株主総会向けの財務諸表よりも詳細な情報を盛り込むことが要求されることもあります。

● 実質一元・形式多元

　このように，会社が作成する財務諸表は，その目的によって形式が異なることがあります。しかし，形式が異なっても，そこに記載される内容（利益の数値や財産の数値）まで違えば，この財務諸表は信頼されないでしょう。

　いろいろな目的で財務諸表が作成されるにしても，そこに盛り込まれる会計数値等は実質的に同じでなければなりません。この原則は，そうしたことを要求しています。

　いよいよ，**決算書（財務諸表）**の世界に入ります。それでは最初に，**バランス・シート（貸借対照表）の世界**から見てみましょう。よい旅をねがって，「ボン・ボワヤージュ！」

必須知識編

決算書の作り方と読み方

　これまでの「予備知識編」では，会計を知らないとどんな失敗を
するかを学び，「基礎知識編」では，見方を変えて，会計を知って
いるとどんなことができるかを学び，さらに簿記と会計のつながり
や会計の約束事（ルール）を学びました。

　この「必須知識編」では会計のゴールともいうべき３つの財務諸
表（貸借対照表，損益計算書，キャッシュ・フロー計算書）につい
て学びます。

CHAPTER 1

貸借対照表(B／S)
を眺めてみよう

ビー・エス

 ## どういう構造になっているのか

貸借対照表は英語でBalance Sheet ということから，英語をそのまま
カタカナでバランス・シートあるいはその頭文字をとってB／S（ビー・
エス）と呼びます。

　貸借対照表は，会社の期末（決算）の時点における**財政状態**あるいは
財務状態を表示するものです。

　会社が事業活動を行うためには，必ずお金（資金）が必要です。**財政
状態**あるいは**財務状態**とは，会社が資金をどのように集めて（**資金調達**），
集めたお金をどのように利用（**資金運用**）しているのかを意味します。資
金運用できる金額は，常に資金調達された金額と一致しています。

　会社が**資金調達**をする方法には，大きく分けて①会社の**所有者が自ら
出資する方法**と，②**外部から借り入れる方法**の2つがあります。

105

① 　会社の所有者が自ら出資する方法

　会社の所有者とは，株式会社なら**株主**のことです。株主が出資した資金は，**資本金**といいます。株主が出資した資本金を含めて，会社における株主の持ち分は**株主資本**といいます。株主資本は，貸借対照表の**純資産**の部の中で表示されます。

② 　外部から借り入れる方法

　これは，所有者以外の外部から将来返済する約束で資金を調達する方法です。代表的な形態として，銀行などから資金を借りる**借入金**があります。これは，将来外部の資金提供者への返済義務を負っていることから**負債**といいます。

　会社は調達した資金を事業活動に運用します。たとえば，商品を仕入れたり，机，パソコンなどの備品を購入して，残りを現金や預金で所持して事業活動は行われます。その運用の仕方は，経営者によってさまざまです。**経営者が事業活動のために資金を運用した状態を示しているのが，資産**です。

　貸借対照表は，右側（**貸方**）で会社の**資金の調達源泉**を表し，左側（**借方**）で会社の**資金の運用形態**を表します。すなわち，貸借対照表の**貸方**では，**純資産（株主資本）**と**負債**が表示されます。貸借対照表の**借方**では，**資産**が表示されます。

　貸借対照表の形式を，図で示すと，つぎのとおりです。

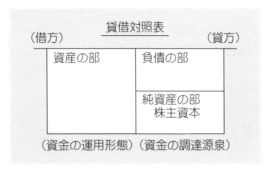

この図から，つぎのような等式を示すことができます。

$$資　産　＝　負　債　＋　純資産$$

この等式は，**貸借対照表等式**といいます。

　貸借対照表は，このように**資金の調達源泉**と**資金の運用形態**といった会社の**財政状態（財務状態）**を表示することから，最近では，Balance Sheetに代わって，Statement of Financial Position（**財政状態計算書**）という英語が使われるようになっています。

　実際の会社の貸借対照表は，資産，負債および純資産を，いっそう細分化して表示することによって，会社の財政状態を明らかにします。

　以下では，資産，負債および純資産の内容について具体的に説明します。

資産にはどのようなものがあるか

　資産は，会社が調達した資金を，**経営者が事業活動にどのように運用しているか**を具体的に示したものです。資産は，会社が将来，現金を獲得するための利益を得ることを目的として，事業活動に利用するために所有している資源です。

　資産は，形態別にみると，**現金預金**のほか，目に見える**実物財**と目に見えない**権利等**から構成されます。

■ 資産の形態別分類

現　金　預　金	手許現金　普通預金　当座預金　など
実　　物　　財	商品・製品　建物　備品　土地　など
権　　利　　等	売掛金　受取手形　有価証券　特許権　など

　資産は，**貨幣性資産**と**非貨幣性資産**に分類することができます。
　貨幣性資産は，基本的に**投下資本の回収が終わった状態**のもので，次の投資あるいは支払手段として使うことができるものです。具体的には，現金預金，受取手形，売掛金などがあります。

　非貨幣性資産は，貨幣性資産以外の資産です。すなわち，**未だ投下資本が回収されていない状態**のものです。

　資産は，**貨幣性資産**と**費用性資産**に分類することもできます。

　費用性資産は，投下資本が回収されていない状態で，かつこれから**資産の原価が期間に配分されて費用化されるもの**です。具体的には，**商品・製品，建物，備品**などがあります。

CHECKPOINT

　株券や債券といった**有価証券**は，資産を貨幣性資産と非貨幣性資産に分類する場合には，**非貨幣性資産**に含まれます。何故なら，有価証券は一般に支払手段としては使えないし，価値が不安定なので，毎期の評価が必要だからです。一方で，資産を貨幣性資産と費用性資産に分類する場合には，有価証券は**貨幣性資産**に含まれます。何故なら，有価証券は原価配分の対象とならないからです（参考：田中弘『新財務諸表論（第5版）』税務経理協会，p.207）。

　資産の分類の仕方には，前記分類の他，流動性が高いか低いかによる**流動性分類**があります。**流動性**が高いか低いかは，会社の事業活動の流れの中で，当該資産が現金化されるまでの時間が短いか長いかによって判断されます。**流動性分類**は，資産だけでなく，**負債にも適用**されます。

■ 資産の流動性分類

　流動性の判断は，**営業循環基準と1年基準**（ワン・イヤー・ルール）の2つによって行われます。最初に営業循環基準により**流動資産と固定資産**の分類が行われて，固定資産に分類されたものに対して，1年基準が適用されます。

　営業循環基準は，会社が調達した資金の循環に着目して，**流動資産**と

固定資産との分類を行う考え方です。

　会社の事業活動に投下された資金は，販売目的の商品や製造目的の原材料の購入に使用され，原材料は製造過程をへて製品として完成します。その後，商品および製品は販売されることによって売掛金および受取手形といった売上債権となり，売上債権はいずれ現金として回収されます。

　このような事業活動の一連の流れが**営業循環**です。

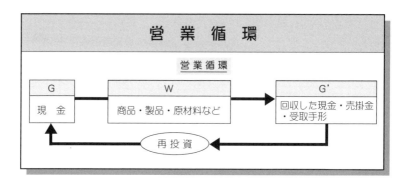

　営業循環基準では，事業活動の一連の流れである営業循環過程の中にある資産を**営業循環資産**と呼んで，**流動資産**に分類します。**営業循環資産**には，具体的に，現金預金，受取手形，売掛金，商品・製品，原材料などがあります。

　営業循環過程の中に入らない資産は，**非営業循環資産**と呼んで，**固定資産**に分類されます。固定資産に分類される非営業循環資産には，**1年基準**が適用されます。

　1年基準は，1年以内に現金化されるか否かに着目して，**流動資産**と**固定資産**との分類を行う考え方です。

　非営業循環資産には，営業循環資産としての現金を長期的に運用するために投資された定期預金，有価証券，貸付金などの金融資産や，長期的に事業活動に使用することを目的として保有している固定資産などがあります。

　1年基準では，1年以内に現金化が可能なものを**流動資産**，1年を超えて現金化されないものを**固定資産**に分類します。
　流動性分類によって資産（および負債）を流動と固定に分類する意義は，会社の**債務弁済能力**を判断することにあります。

　流動資産は，営業循環過程の中にある資産か，1年以内に現金化が可能な資産です。これらは，いずれも短期的に現金化される資産です。

　流動負債は，営業循環過程の中にある負債か，1年以内に支払義務を負う負債です。これらは，いずれも短期的な支払義務を負う負債です。

　流動資産と流動負債から**流動比率**を計算することによって，会社の短期的な**支払能力**を知ることができます。

$$流動比率＝\frac{流動資産}{流動負債}×100（％）$$

　流動比率は，200％以上であることが望ましいといわれています。

　資産（および負債）は，このように**流動性分類**に基づいて，流動資産（負債）と固定資産（負債）に区分して，貸借対照表において表示されます。

　これらに加えてわが国では，旧商法（現在は会社法）によって伝統的に

資産として計上することが認められてきた**繰延資産**があります。

　繰延資産については後ほど説明しますが，貸借対照表の資産および負債の部の区分を図で示すと，つぎのとおりです。

```
                    貸借対照表

        資産の部        負債の部
          流動資産        流動負債

          固定資産        固定負債

          繰延資産        純資産の部
                          株主資本
```

当座資産って何か，何につかわれるのか

　流動資産は，短期的に現金化が予定される資産から構成されています。流動資産は，会社にとって**短期的に支払手段として利用可能な資産**です。

　ところが，流動資産の中には，即座に支払手段として利用することのできない資産も含まれています。具体的には，販売目的や短期的に事業に使用する目的などで所有されている商品・製品，原材料といった**棚卸資産**などが含まれます。

　当座資産は，流動資産から棚卸資産などを除いた資産です。これらは，会社が換金に手間取ることなく，**即座に支払手段として利用可能な資産**です。

　当座資産の分類と具体例を示すと，つぎのとおりです。

■ 当座資産の分類

営業循環資産	流動資産	当座資産	現　　金　当座預金　普通預金 受取手形　売　掛　金 有価証券　貸　付　金　など
営業循環資産	流動資産	当座資産以　　外	棚卸資産など
非営業循環資産	流動資産	当座資産以　　外	1年以内に現金化される予定の固定資産

　流動比率は，会社の短期的な財務安定性および支払能力を知る指標でしたが，より確実な返済財源だけで会社の支払能力を判定しようとするのが，**当座比率**です。

$$当座比率＝\frac{当座資産}{流動負債}×100（％）$$

　当座比率は，100％以上であることが望ましいといわれています。

　当座比率と**流動比率**との違いは，分子が当座資産か流動資産かの違いです。この比率は，支払能力を判定するリトマス試験紙の役割を果たすことから，**酸性試験比率**とも呼ばれます。

有価証券って何か，どうして会社は有価証券を持っているのか

　有価証券とは，私法上の財産権を表象する証券で，その権利の移転が証券によってなされるものをいいます。これには，手形，小切手，貨物引換証，商品券，株券，債券などが含まれます。

　会計上の有価証券は，私法上の有価証券よりも範囲が狭く，基本的に，

株券，債券およびその他から構成されます。

　株券とは，株式会社の株主権を表示する有価証券です。
　債券とは，国，地方公共団体，株式会社などが一般から必要な資金を借り入れることを目的として発行する有価証券です。これは，発行者別に，国が発行した債券は国債(証券)，地方公共団体が発行した債券は地方債(証券)，株式会社が発行した債券は社債(券)に分類されます。

　その他，有価証券には，新株予約権，証券投資信託や貸付信託の受益証券などがあります。

　会社は営業循環の中で得た現金を，営業活動に再投資しますが，それ以外に，つぎのような目的のために有価証券にも投資します。有価証券を取得した側は，有価証券をその目的別につぎのように処理します。

① 時価の変動により利益（キャピタル・ゲイン）を得る目的：売買目的有価証券
② 満期まで保有することによって，その間の約定利息および満期時に元本を受け取る目的：満期保有目的の債券
③ 他企業の人事，資金，技術，取引などの関係を通じて，営業方針や財務方針を支配する目的：子会社株式および関連会社株式
④ その他，取引関係を維持して，合併や系列化あるいは外部からの乗っ取りを予防する目的など：その他有価証券

　有価証券は，非営業循環資産ですから，１年基準によって流動資産と固定資産に分類されます。
　１年以内に現金化されると考えられる有価証券は，流動資産に区分され，それ以外は，固定資産に区分されます。

　流動資産に区分される有価証券は，**売買目的有価証券**または**1年内に満期の到来する社債その他の債券**として表示されます。

　固定資産に区分される有価証券も，所有目的に応じて，**満期保有目的債券（投資有価証券），子会社株式，関連会社株式（関係会社株式）**または**その他有価証券（投資有価証券）**として表示されます。

■　有価証券の保有目的別分類と流動性分類

保有目的別分類		1年基準による判定	表　示　科　目
①　時価の変動により利益を得る目的	売買目的有価証券	流動資産	売買目的有価証券・有価証券
②　満期まで保有して，約定利息と元本を受け取る目的	満期保有目的の債券		1年内に満期の到来する社債その他の債券
		固定資産	満期保有目的債券・投資有価証券
③　他企業の人事，資金，技術，取引などの関係を通じて，営業方針や財務方針を支配する目的	子会社株式および関連会社株式		子会社株式・関連会社株式・関係会社株式
④　その他，例えば取引関係を維持して，合併や系列化あるいは外部からの乗っ取りを予防する目的	その他有価証券		その他有価証券・投資有価証券

有価証券にはどういう金額が書かれているか

　有価証券には，**市場価格のあるもの**と**市場価格のないもの**があります。

　市場価格とは，市場において形成されている取引価格，気配または指標その他の相場のことです。

115

　市場価格のある有価証券は原則，**時価**によって評価し，市場価格のないものは**債券の貸借対照表価額**または**取得原価**によって評価します。

　市場価格のある有価証券については，有価証券を所有目的別に分類して，それぞれ評価方法が異なっています。

　売買目的有価証券は，**時価で評価**します。時価で評価することによって生ずる差額は，**当期の損益**として処理します。

　満期保有目的債券は，**取得原価で評価**しますが，債券を債券金額よりも低い価額または高い価額で取得した場合で，その差額の性格が金利の調整と認められるときには，**償却原価法**に基づいて算定された価額で評価します。

　子会社株式および関連会社株式は，**取得原価で評価**します。

　その他有価証券は，**時価で評価**します。時価で評価することによって生ずる差額は，つぎのいずれかの方法によって処理します。
　①　評価差額の合計額を純資産の部に計上（**全部純資産直入法**），
　②　時価が取得原価を上回る銘柄に係る評価差額を純資産の部に計上して，時価が取得原価を下回る銘柄に係る評価差額を当期の損失として処理（**部分純資産直入法**）。

■ **市場価格のある有価証券の評価方法**

保有目的別分類	貸借対照表価額	評価差額の処理
売買目的有価証券	時　　価	当期の損益
満期保有目的の債券	取得原価または 償却原価	……
子会社株式および関連会社株式	取得原価	……
その他有価証券	時　　価	全部純資産直入法・ 部分純資産直入法

　一言で有価証券といっても，貸借対照表に表示されている金額は，市場価格があるかないか，およびその保有目的によって，時価，取得原価または償却原価とさまざまです。

専門用語を覚えよう！

●**償却原価法**──金融資産または金融負債を債権額または債務額と異なる金額で計上した場合において，当該差額に相当する金額を弁済期または償還期に至るまで毎期一定の方法で取得価額に加減する方法です。この場合，当該加減額を受取利息または支払利息に含めて処理します（「金融商品に関する会計基準」注解5）。

CHECKPOINT

　その他有価証券の時価評価の結果生ずる評価差額の処理方法である，全部純資産直入法と部分純資産直入法の相違点は，評価差額がマイナスであった場合に，部分純資産直入法では，純資産に含めず当期の損失として処理する点です。

　それ以外の評価差額は，純資産の部の中の，「評価・換算差額等」という区分の中で，**その他有価証券評価差額金**として表示されます。

　純資産の部は，株主資本，評価・換算差額等，新株予約権の3つに区分して表示されます。

棚卸資産って何か

　棚卸資産は，販売目的や短期的に事業に使用する目的などで所有されていて，期末に在庫として残っているものです。棚卸資産は，その性質別に分類して説明されます。

　棚卸資産の分類と具体例を示すと，つぎのとおりです。

■ 棚卸資産の分類

性　　　　質	具　体　例	
通常の営業過程において販売するために保有する財または用役	製　　　　品	商　　　　品
販売を目的として現に製造中の財または用役	仕　掛　品	半　製　品
販売目的の財または用役を生産するために短期間に消費されるべき財	原　材　料	工場消耗品
販売活動および一般管理活動において短期間に消費されるべき財	事務用消耗品	荷　造　商　品

　一般事業会社が所有する土地や建物あるいは車両は固定資産ですが，**不動産販売業の会社が販売目的で保有する土地や建物**あるいは**自動車販売業の会社が販売目的で保有する車両**は，棚卸資産（商品）に分類されます。

 ## なぜ棚卸（たなおろし）をするのか

　商品販売業などを行っている会社は，期末を迎えたときに，**実地棚卸**

を行って商品の実際有り高（在庫）を確認します。棚卸は，期末時点において会社に残っている商品の数量を明らかにするためにも重要ですが，期中に払い出された商品の数量を計算するためにも必要です。

　棚卸数量の計算方法には，①**継続記録法**と②**棚卸計算法**があります。

① **継続記録法**
　継続記録法は，商品を受け払いするたびに，商品有高帳，材料元帳などに記録する方法です。この方法は，一定の帳簿に継続的に商品の受け入れた数量および払い出した数量が記録されていることから，常に商品の有り高を確かめることができます。

　ただし，この方法による帳簿の残高が，実際の商品の有り高と常に一致する保証はありません。受け入れや払い出し時における記録の間違いがあったり，紛失や盗難が発生したり，揮発性の在庫の場合に蒸発が起これば，記録上の在庫数量と実際の在庫数量に違いが生じます。

　棚卸資産を継続記録法で計算する場合，実際の在庫数量を確認するために，実地棚卸は不可欠です。記録上の在庫数量と実際の在庫数量との差は，**棚卸減耗**と呼ばれ，それに単価をかけることによって計算した損失を**棚卸減耗費**または**棚卸減耗損**として処理します。

② **棚卸計算法**
　棚卸計算法は，つぎの算式によって商品の払出数量を計算します。

> **当期払出数量＝期首数量＋当期受入数量－期末在庫数量**

この方法では，期中における払い出しの記録が行われませんから，実務上は簡便です。

一方で，期中に紛失，盗難，目減りなどが生じた場合に，それらを把握できないという短所もあります。

原価配分と期末評価

棚卸資産は，数量だけでなく，金額を把握することも必要です。棚卸資産の金額を把握することによって，次期に繰り越される商品などの金額（**繰越商品**）が明らかになるのは当然ですが，期中に払い出された商品などの金額（**売上原価**）が計算されるからです。これらの金額は，期末に残っている数量と期中に払い出された数量に，取得原価を割り当てて計算されます。

商品等の受け入れた資産の取得原価を，**期末に棚卸資産として残っている部分**と，**当期に販売・費消された部分**とに配分することを**原価配分**といいます。

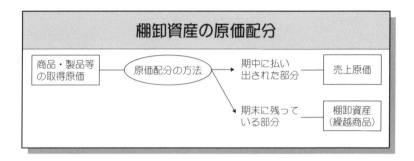

棚卸資産の**原価配分の方法**には，①個別法，②先入先出法，③総平均

法，④移動平均法などがあります。これらは，モノの流れとコスト（原価）の流れから理解できます。

① 個 別 法

個別法は，販売される商品とその原価とを個々に対応させて，原価を把握する方法です。この方法では，貴金属など高額商品の場合に，払い出し単価および棚卸資産の単価が**実際のモノの流れと一致**して明確に把握できます。

② 先入先出法 (First-in First-out；FIFO)

先入先出法は，先に仕入れたものから，先に販売されると考えて，原価配分を行う方法です。

大量生産される比較的廉価な商品の場合，商品が店頭で汚れたりしないように，先に仕入れたものから先に販売するように工夫されています。

この場合，先に仕入れた商品が先に販売されることから，**先に仕入れたモノの原価が払出単価**となり，**後に仕入れた商品の原価が期末に残存する棚卸資産の原価**となります。

③ 総 平 均 法

総平均法は，一定の期間ごとに受け入れた商品の単価を平均して平均単価を計算して，それに基づいて原価配分を行う方法です。

ガソリンや軽油のように流動体のものの場合，先に仕入れたものと後に仕入れたものとが混合して，明確に原価を把握することができなくなるものがあります。

この場合，**会計期間**といった一定の期間を区切って，**平均受け入れ単価**を計算して，それが**払出単価**および**棚卸資産の原価**となります。

④　移動平均法

移動平均法は，商品を仕入れるたびに，その時点での在庫の合計金額から**平均単価**を計算して，その金額が次に販売・費消されたときの単価として原価配分を行う方法です。期末には，最後に仕入れた時点で計算された単価によって，棚卸資産の金額が計算されます。

CHECKPOINT

企業会計を行う前提として，①**企業実体の公準**，②**継続企業の公準**および③**貨幣的測定の公準**という３つの会計公準があります。

これらの中で，②継続企業の公準は，**会計期間の公準**ともいいます。これは，企業の活動が一般に半永久的に行われるという継続企業（**ゴーイング・コンサーン**）のもとに企業会計は行われるという公準です。企業活動が半永久的に継続的に行われるとした場合，そのような企業の経営成績や財政状態を定期的にチェックする必要があります。

そこで，企業会計では，一定の期間を区切って，継続企業の経営成績と財政状態を計算します。この一定の期間が**会計期間**です。会計期間は，通常１年ですが，最近は，半年ごとの中間決算，３カ月ごとの四半期報告などが行われるようになっています。

CHECKPOINT

　棚卸資産の期末評価の方法には，平成20年（2008年）に企業会計基準第9号「棚卸資産の評価に関する会計基準」が公表されるまで，後入先出法（Last- in First- out; LIFO）も認められていました。

　後入先出法は，後に仕入れたものから，先に販売されると考えて，原価配分を行う方法です。

　石炭や砂利のように，腐敗や陳腐化が生じないような商品の場合，特に先に仕入れたものから先に販売する必要もなく，後に仕入れたものが上積みされていれば，その上積みされたものから順に販売されることになります。

　この場合，後に仕入れた商品が先に販売されることから，**後に仕入れたモノの原価が払出単価**となり，**先に仕入れた商品の原価が棚卸資産の原価**となります。

　後入先出法は，貸借対照表に繰り越される棚卸資産の金額が，価格変動を反映しない過去の価格のまま計上されてしまうという欠点があります。これは，会計基準の国際的コンバージェンス（収斂）を図るという理由で，禁止されました。

◆　必須知識編

棚卸資産の期末評価の例

　下記の資料に基づいて商品有高帳を作成して，棚卸資産の原価配分の方法によって期末棚卸資産の評価額がどのように異なっているかを見てみましょう。

【資　料】

月　　　日	摘　　　要	数量（個）	単価（円）	金額（円）
５月　１日	前　月　繰　越	120	200	24,000
10日	仕　　　　　入	180	260	46,800
15日	売　　　　　上	160	320（売価）	51,200
20日	仕　　　　　入	250	210	52,500
25日	売　　　　　上	200	360（売価）	72,000

商　品　有　高　帳

先入先出法

月　日	摘　要	受入 数量（個）	単価（円）	金額（円）	払出 数量（個）	単価（円）	金額（円）	残高 数量（個）	単価（円）	金額（円）
５月 １日	前月繰越	120	200	24,000				120	200	24,000
10日	仕　　入	180	260	46,800				180	260	46,800
15日	売　　上				120	200	24,000			
					40	260	10,400	140	260	36,400
20日	仕　　入	250	210	52,500				250	210	52,500
25日	売　　上				140	260	36,400			
					60	210	12,600	190	210	39,900
31日	次月繰越				190	210	39,900			
		550		123,300	550		123,300			
６月 １日	前月繰越	190	210	39,900				190	210	39,900

124

総平均法

商 品 有 高 帳

月 日	摘 要	受 入			払 出			残 高		
		数量(個)	単価(円)	金 額(円)	数量(個)	単価(円)	金 額(円)	数量(個)	単価(円)	金 額(円)
5月 1日	前月繰越	120	200	24,000				120	200	24,000
10日	仕 入	180	260	46,800				300		70,800
15日	売 上				160	224	35,869	140		34,931
20日	仕 入	250	210	52,500				390		87,431
25日	売 上				200	224	44,836	190	224	42,595
31日	次月繰越				190	224	42,595			
		550	224	123,300	550		123,300			
6月 1日	前月繰越	190	224	42,595				190	224	42,595

移動平均法

商 品 有 高 帳

月 日	摘 要	受 入			払 出			残 高		
		数量(個)	単価(円)	金 額(円)	数量(個)	単価(円)	金 額(円)	数量(個)	単価(円)	金 額(円)
5月 1日	前月繰越	120	200	24,000				120	200	24,000
10日	仕 入	180	260	46,800				300	236	70,800
15日	売 上				160	236	37,760	140	236	33,040
20日	仕 入	250	210	52,500				390	219	85,540
25日	売 上				200	219	38,018	190	219	41,673
31日	次月繰越				190	219	41,673			
		550		123,300	550		123,300			
6月 1日	前月繰越	190	219	41,673				190	219	41,673

 ## 低価法って何か

　棚卸資産の期末評価は，原価配分の方法に従って計算された原価に数量をかけて計算されます。これは，原価法と呼ばれてきました。これに対して，収益性の低下を原因として，棚卸資産の原価よりも時価が下落

している場合には，棚卸資産は**時価**で評価されます。このような棚卸資産の評価基準が**低価法**です。

　ここで**時価**とは，**公正な評価額**のことで，市場価格に基づく価格をいいます。通常の販売目的で保有する棚卸資産の場合の時価は，**正味売却価額**です。

　正味売却価額は，当該商品を通常の営業過程において売却したときに得ると予想される金額から，売却にかかると予想される諸費用を差し引いて計算します。

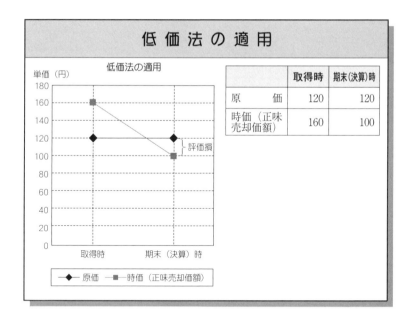

　正味売却価額を把握することが困難な場合には，**再調達原価**などの合理的に算定された価額を時価として用いることができます。再調達原価とは，再度同一商品を購入する場合の時価に，購入に付随する費用を加

算したものをいいます。

　低価法は，あくまで**原価よりも時価が下落している場合に評価損を計上**するものです。原価よりも時価が上回っている場合に，**評価益は計上されません**。

　棚卸資産の中には，収益性の低下以外に，**損傷品**や**陳腐化**といった**品質の低下**が生じることもあります。損傷品や陳腐化品は，それらを再度調達するような市場はないので，それらを売却した場合における**正味売却価額によって評価**されます。

棚卸資産の期末評価

　棚卸資産の期末評価は，つぎのような段階をへて行われます。

① 数 量 計 算

　実地棚卸を行って，**実際の在庫数量**と**記録上の在庫数量**との違いを明らかにします。

② 時価の把握

　実地棚卸の結果，実際に残っている棚卸資産について，**収益性の低下による時価の下落**と，**品質の低下による時価の下落**を明らかにします。

③ 棚卸減耗費の計算

　実際の在庫数量と記録上の在庫数量に仕入単価をかけて，**棚卸減耗費**を計算します。

④ 収益性の低下による評価損の計算

収益性の低下が生じている部分について，**時価の下落分を商品評価損**として計算します。

⑤ 品質の低下による評価損の計算

品質の低下が生じている部分について，時価の下落分を品質低下損として計算します。

これを図で示すと，つぎのとおりです。

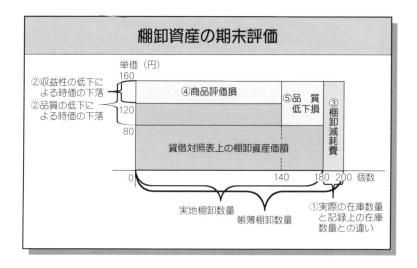

固定資産にはどのようなものがあるか

資産の流動性分類において，**非営業循環資産**に分類されて，１年を超えて現金化されないと予想される資産は，**固定資産**と呼ばれます。

固定資産は，長期的に事業のために用いられる資産です。これは，①

有形固定資産，②無形固定資産および③投資その他の資産の３つに分類されます。

①　有形固定資産

　これは，長期的に事業のために用いられる資産の中で，物理的形態のある資産です。これは，建物，構築物，機械装置，車両運搬具，工具器具備品などの**償却資産**と，土地などの**非償却資産**とから構成されます。

　償却資産とは，使用に伴って価値が減少すると考えられることから，減価償却することが認められている資産です。

　非償却資産とは，使用に伴って価値が減少しないと考えられることから，減価償却することが認められていない資産です。
　減価償却については，後ほど説明します。

②　無形固定資産

　これは，長期的に事業のために用いられる資産の中で，物理的形態のない資産です。これは，**特許権**，**地上権**，**商標権**，**著作権**などのある種の技術等を独占的ないしは排他的に使用する**法律上の権利**を表すものと，のれんなどの**経済的な優位性**から収益の稼得に貢献すると期待される無形の要素から構成されます。

③　投資その他の資産

　これは，他の会社の支配・統制，利殖などを目的として長期的に保有する**満期保有目的債券**，**子会社および関連会社株式**，**その他有価証券**，**長期貸付金**，**投資不動産**といった投資資産とその他の資産から構成されます。

固定資産の分類と具体例を示すと，つぎのとおりです。

■　固定資産の分類

非営業循環資産	固定資産	有形固定資産	償　却　資　産	建　　　物　構　築　物　機　械　装　置車両運搬具　工具器具備品　など
			非　償　却　資　産	土　　　地　など
		無形固定資産	法律上の権利	特　許　権　地　上　権　商　標　権著　作　権　など
			経済的優位性	の　れ　ん　など
		投資その他の資産	投　資　資　産	満期保有目的債券　子会社株式関連会社株式　　　その他有価証券長期貸付金　　　　投資不動産　など
			そ　の　他	長期前払費用　など

 ## 有形固定資産の取得原価はどのような金額か

有形固定資産は，その取得方法が異なることによって，取得原価の計算方法も異なります。

①　購入による取得

購入による取得では，取得原価は，**購入代価**に買入手数料，運送費，
荷役費（にえき），据付費（すえつけ），試運転費等の**付随費用**を加えた額とします。

②　自家建設による取得

自家建設による取得では，取得原価は，適正な原価計算基準に従って**製造原価**を計算して算定します。

建設するために借り入れた借入金などの利子で稼働前の期間に属するものは，これを取得原価に算入することができます。

③　現 物 出 資

　現物出資による取得では，取得原価は，株式を発行しその対価として
固定資産を受け入れた場合には，出資者に対して**交付された株式の発行
価額**とします。

④　交　　　　換

　交換による取得では，取得原価は，**交換に供された自己資産の適正な
簿価**とします。自己所有の株式ないし社債などと交換に固定資産を取得
した場合には，当該有価証券の時価または適正な簿価とします。

⑤　贈　　　　与

　贈与による取得では，取得原価は，時価等を基準として**公正に評価し
た額**とします。

有形固定資産の減価償却とは何か

　有形固定資産の多くは，それらを事業活動に使用することに伴って価
値が減少します。この価値の減少を**減価**といいます。

　減価償却とは，有形固定資産を事業活動に使用することに伴って生じ
た減価を，取得原価から控除して，費用として計上する手続きです。
　減価が生じない代表的な有形固定資産には，土地があります。

　有形固定資産に減価が生じる原因は，①**物理的原因**と，②**機能的原因**
の２つから説明されます。

①　物理的原因による減価

　これは，有形固定資産の利用による減耗・摩耗，時の経過による自然
老朽化および災害や事故による損耗を原因とした減価です。これは，
物質的減価ともいわれます。

②　機能的原因による減価

　これは，発明・新技術の発見などによる陳腐化，産業構造の変化など
を原因として，有形固定資産が経済的に不適応となることによる減価で
す。これは，**機能的減価**といわれます。

　有形固定資産に生じる減価は，減価償却の手続きによって，各会計期
間に配分されます。減価償却は，規則的な方法により有形固定資産の取
得原価を，あらかじめ予見可能な減価について，減価償却費として費用
配分する手続き（**原価配分の原則**または**費用配分の原則**といいます）です。

> **専門用語を覚えよう！**
>
> ● 原価配分（費用配分）の原則──資産を取得した原価は，収
> 　　　　益を得るための活動に使用することによって価
> 　　　　値が減少するため，その価値の減少分を，その
> 　　　　資産を利用する期間に配分することです。

　代表的な減価償却費の計算方法として，**①定額法**と**②定率法**がありま
す。

①　定　額　法

　これは，固定資産の価値が，毎期，一定額ずつ減少すると仮定して償
却費を計算する方法です。各期の減価償却費は，つぎの算式によって計
算されます。

$$各期の減価償却費 = \frac{取得原価 - 残存価額}{耐用年数}$$

耐用年数とは，固定資産の使用に耐えうる年数です。

残存価額とは，耐用年数が経過した時点での固定資産の処分見込価額（多くは，スクラップとして処分した価額）です。

定額法には，使用につれて維持修繕費が逓増する場合に，耐用年数の後半になって，費用負担が増大するという短所があります。

② 定　率　法

これは，固定資産の価値が，毎期，一定の割合だけ減少すると仮定して償却費を計算する方法です。各期の減価償却費は，次の算式によって計算されます。

$$各期の減価償却費 = (取得原価 - 減価償却累計額) \times 償却率 = 未償却残高 \times 償却率$$

減価償却累計額とは，これまで減価償却の行われてきた合計額です。

取得原価から，減価償却累計額を控除することによって，未だに減価償却の行われていない金額，すなわち**未償却残高**が計算されます。

償却率は，減価償却費を計算するために用いられる比率です。

定率法には，投下資本を早期に回収することができ，また維持修繕費が逓増する耐用年数の後半には減価償却費が減少し，毎期の費用負担を平準化することができるといった長所があります。

CHECKPOINT

　定額法で減価償却費を計算すると，毎期の減価償却費が一定額になります。

　定率法で減価償却費を計算すると，固定資産を使用し始めた初期において，多額の減価償却費が計上され，徐々に減価償却費の金額は減少することになります。

　減価償却費として計上される金額の合計額は，計算上は若干異なりますが，概念的には同一金額になります。

　２つの方法によって計算される毎期の減価償却費の変化および減価償却方法による相違は，以下の図のとおりです。

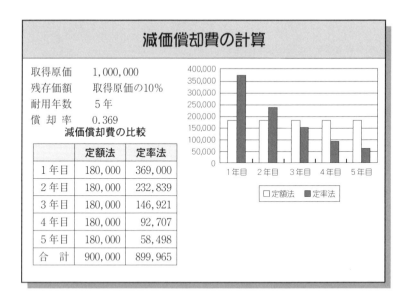

減価償却費の計算

取得原価　　1,000,000
残存価額　　取得原価の10％
耐用年数　　５年
償却率　　　0.369

減価償却費の比較

	定額法	定率法
１年目	180,000	369,000
２年目	180,000	232,839
３年目	180,000	146,921
４年目	180,000	92,707
５年目	180,000	58,498
合　計	900,000	899,965

　減価償却の手続きには，①固定資産の流動資産化と，②自己金融の２つの効果があります。

① 固定資産の流動資産化

　これは，固定資産取得のために投下され固定化されていた資金が，減価償却の手続きにより再び**貨幣性資産として回収**され**流動化**するという効果です。

② 自 己 金 融

　これは，減価償却費は**支出を伴わない費用**ですので，資金的には当該金額だけ企業内に留保され，取替資金の蓄積が行われるという効果です。

　減価償却は，**予見可能な物質的減価および機能的減価**に関して，減価償却費を計上する手続きです。

　有形固定資産に生じる減価は，すべてを予見することはできません。予見不能な減価が生じた場合には，**耐用年数の変更により，当期以降の費用配分割を増加させる方法**と**臨時損失**の手続きを行うことが認められています。

　臨時損失は，**災害，事故等の偶発的事情**により，当期に固定資産の実態が滅失した場合に，この事実に対応して臨時的に実施される**簿価の切り下げ手続き**です。

CHECKPOINT

　有形固定資産の減価が毎期どれくらい生じているか，あるいは資産の耐用年数が何年であるか，耐用年数が経過した後の残存価額がいくらであるかなどを，正確に測定することは不可能です。そこで，日本の会社の多くは，**税法が定める耐用年数および償却率**に従って，減価償却を行っています。

　税法は，これまで有形固定資産の残存価額を取得原価の10％としていましたが，2007年4月1日以降に取得した資産から，ゼロへと変更しています。それに伴って，定率法による償却率も改訂されています。

減損が生じたらどう処理するのか

　減損とは，資産の収益性の低下により投資額の回収が見込めなくなった状態をいいます。このような場合に，一定の条件の下で回収可能性を反映させるように帳簿価額を減額する会計処理が**減損処理**です。

　わが国では，バブルが崩壊した後，特にバブル期に高い価格で取得した不動産を中心として，価格の大幅な下落が生じました。また平成大不況といわれるように，不況下では多くの会社の売上高は減少し，機械などの事業用設備の収益性が著しく下落しました。

　これらの経済環境の変化は，有形固定資産に関して，減価償却による減価以上の価値下落を生じさせました。

　減損処理は，つぎのような手続きに従って行われます。

① 資産のグルーピング

　事業活動では複数の資産が一体となって利用されて，キャッシュ・フローを生み出すのが普通です。したがって，減損処理をする場合には，最初に，**キャッシュ・フローを生み出す資産または資産グループを明ら**かにすることが必要です。これは，**資産のグルーピング**といわれます。

② 減損の兆候の判定

　資産または資産グループごとに**減損の兆候**を判定します。減損の兆候には，たとえば，つぎのような事象が考えられます。

減損の兆候
（ⅰ）　営業活動からの損益またはキャッシュ・フローが継続的にマイナスとなっているか，マイナスとなる見込み
（ⅱ）　回収可能価額を著しく低下させる変化が生じたか，変化が生じる見込み
（ⅲ）　経営環境が悪化したか，悪化する見込み
（ⅳ）　市場価格が著しく下落

③ 減損損失の認識

　減損の兆候があると判定されたならば，資産または資産グループから得られる**割引前将来キャッシュ・フロー**の総額が帳簿価額よりも下回っている場合に，減損損失が認識されます。

④ 減損損失の測定

　減損損失を認識すべきであると判定された場合，帳簿価額を**回収可能価額**まで減額して，帳簿価額と回収可能価額の差額を**減損損失**として処

137

理します。

　ここで，回収可能価額とは，**正味売却価額**と**使用価値**のいずれか高い
方の金額をいいます。

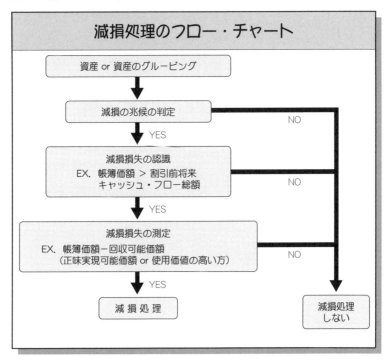

専門用語を覚えよう！

● **正味売却価額**——資産または資産グループの売却時価から処分費用見込額を控除して算定された金額です。

● **使用価値**——資産または資産グループの継続的使用と使用後の処分によって生ずると見込まれる将来キャッシュ・フローを一定の割引率で割り引いた現在価値です。

● **割引前将来キャッシュ・フロー**——資産または資産グループが将来生み出すと予想されるキャッシュ・フローを単純に合計したものです。割引率で割り引いて現在価値を算定する前の段階を意味します。

無形固定資産の償却とは何か

　無形固定資産は，長期的に事業のために用いられる資産の中で，物理的形態のない資産です。これは，①法律上の権利と②経済的な優位性から収益の稼得に貢献すると期待される無形の要素から構成されます。

①　法律上の権利

　法律上の権利には，**特許権，地上権，商標権，著作権**などのある種の技術等を独占的ないしは排他的に使用する権利があります。

②　経済的な優位性から収益の稼得に貢献すると期待される無形の要素

　経済的な優位性から収益の稼得に貢献すると期待される無形の要素には，**のれん，ブランド，顧客名簿**などがあります。

　これらの無形固定資産は，第三者に対価を支払って取得するか，自己創設により取得されます。いずれの方法においても，取得に支出額が伴うので，**支出額をもって取得原価**とします。

　無形固定資産は，一般に，取得後，時の経過とともに価値が減少すると考えられます。

　たとえば，法律上の権利である特許権では，特許制度上，特許出願日から20年間が特許権の存続期間となります。20年を経過すれば，特許権の価値はゼロになると考えられます。

　そこで，無形固定資産の取得原価は，有形固定資産の減価償却と同様に，各期に費用として配分されます。これが無形固定資産の**償却**です。

　無形固定資産を償却する場合，残存価額はゼロです。残存価額をゼロとするのは，耐用年数が経過した時点での無形固定資産の処分見込価額がないと考えられるからです。

　耐用年数は，それぞれの権利に関する法律または税法に定める償却期限を上限とします。特許権の場合，特許制度上の存続期間は20年ですが，税法上の耐用年数は8年です。会計上は，いずれの耐用年数を用いることもできます。

　無形固定資産の償却は，原則，**定額法**で行います。
　定額法を用いる理由は，つぎの2点から説明されます。

無形固定資産の償却に定額法を適用する理由

（ⅰ）　無形固定資産では時の経過につれて維持修繕費が逓増して，耐用年数の後半になって費用負担が増大することはなく，定額法の短所が当てはまらないこと

（ⅱ）　残存価額がゼロであることから定率法における償却率の計算が困難であること

のれんとは何か

　経済的な優位性から収益の稼得に貢献すると期待される無形の要素としての無形固定資産には，**のれん**，ブランド，顧客名簿などがあります。

　のれんとは，合併または買収の時に支払われる対価が，受け取った正味の財産の価額を超える金額です。これは，**購入のれん**といいます。逆に，支払われた対価が受け取った正味の財産の価額よりも少なかった金額は，**負ののれん**といいます。

　負ののれんは，英語で，バーゲン・パーチェスといわれ，割安に購入した差額を意味します。負ののれんは，通常の合併や買収の取引において生じることはあまりありませんが，企業グループ内において，親会社が子会社を合併したり，かなり経営悪化している会社を合併するような場合に生じます。

CHECKPOINT

のれんの意味

　ある会社の資産が160,000円で，負債が60,000円であったとします。それらの資産と負債を時価（公正価値）評価したところ，資産が210,000円で，負債が60,000円となりました。この場合，この会社の純資産額は，資産から負債を控除した150,000円（＝210,000円－60,000円）です。

　もし，あなたがこの会社を**買収**するならば，150,000円が適切な買収金額でしょう。何故なら，この会社の資産を売却して210,000円を受け取ったとしても，負債60,000円を支払うと，手許に150,000円しか残らないからです。

　ところが，適切な金額と考えられる150,000円では，あなたに限らず，誰でも買収しようと考えるかもしれません。そこで，あなたがどうしてもこの会社を買収したいなら，150,000円よりも高い金額で買収することになるでしょう。そこで，あなたはこの会社を200,000円で買収したとします。

　このように，時価評価した会社の価値（純資産）が150,000円であるにもかかわらず，それ以上の対価（200,000円）を支払って買収したときの，この会社の価値との差額50,000円（＝200,000円－150,000円）が**のれん**です。

　のれんの性格に関しては，大別して①**超過収益説**と②**差額説**の２つの考え方があります。

①　超過収益説

　これは，のれんを，ある会社が，他の会社あるいは事業部門を買収す

ることによって，他の会社あるいはその事業部門における現状の収益力
以上を獲得する能力があると判定して，現在の価値以上に評価を行った
超過額という考え方です。

②　差　額　説

　これは，のれんを，他の会社あるいは事業部門の現在価値と時価評価
後の正味資産の現在価値との差額という考え方です。

　のれんは，無形固定資産ですが，他の無形固定資産と異なって，20年
以内のその効果の及ぶ期間にわたって，定額法などにより**規則的に償却**
します。
　その際，残存価額は，他の無形固定資産と同様にゼロとします。

　のれんは国際的な会計基準の影響を受けて，減損の対象資産でもあり
ます。

　のれんは，それ自体では独立したキャッシュ・フローを生むものでは
ありません。**のれんの減損処理**では，のれんが認識された取引において
取得された事業の単位に応じて，のれんを分割する必要があります。

　のれんを各事業単位に分割した後，のれんを加えた事業単位別に減損
の兆候と減損損失の認識についての判定および減損損失の測定が行われ
ます。
　ある事業単位において，減損損失が測定されたならば，減損損失額は
最初にのれんに優先的に配分されます。

繰延資産とは何か

貸借対照表の資産の部では，流動性分類に基づいて，**流動資産**と**固定資産**が分類表示されるのに加えて，**繰延資産**が表示されます。

繰延資産は，伝統的に旧商法によって資産として計上することが認められてきた項目です。旧商法施行規則では，繰延資産として計上することが認められるものとして，7つを限定列挙していました。

現在の**会社計算規則**は，繰延資産について，「**繰延資産として計上することが適当であると認められるもの**」とだけ規定しています（会社計算規則第106条第3項第5号）。

繰延資産は，**将来の期間に影響する特定の費用**であることから，経過的に資産の部に計上することが認められているものです。

将来の期間に影響する特定の費用とは，つぎの3つの要件を満たしたものです。

繰延資産の計上条件
（i） すでに代価の支払いが完了しまたは支払義務が確定していること
（ii） これに対応する役務の提供を受けていること
（iii） その効果が将来にわたって発現すると期待される費用であること

　現在，繰延資産として計上することが認められているものは，つぎの
5つです。

①　株式交付費

　これは，新株の発行のために直接支出した費用に自己株式の処分のた
めに直接支出した費用を加えたものです。

　株式交付費は，原則，**支出時に営業外費用**として処理します。
　繰延資産として計上した場合には，株式交付時から**3年以内**のその効
果の及ぶ期間にわたって**定額法**により償却します。

②　社債発行費等

　これは，社債券の印刷費用，証券会社などに支払われる取扱手数料な
ど，社債や新株予約権などの発行のために支出した費用です。

　社債発行費等も，原則，**支出時に営業外費用**として処理します。

　繰延資産として計上した場合には，社債償還までの期間にわたり**利息
法**により償却します。継続適用を条件に，**定額法**による償却も容認され
ます。

③　創　立　費

　これは，定款に記載された発起人が受け取るべき報酬と会社の負担に
帰すべき会社設立費用，定款認証の手数料，銀行等への株式払い込み取
扱手数料および設立登記の登録税などの費用です。

　創立費も，原則，**支出時に営業外費用**として処理します。

　繰延資産として計上した場合には，会社の成立後5年以内のその効果
の及ぶ期間にわたって定額法により償却します。

④　開　業　費

　これは，会社の成立後，営業開始までに開業準備のために直接支出し
た費用です。

　開業費も，原則，支出時に営業外費用として処理します。

　繰延資産として計上した場合には，開業時から5年以内のその効果の
及ぶ期間にわたって定額法により償却します。

⑤　開　発　費

　これは，新技術または新経営組織の採用，資源の開発，市場の開拓等
のために支出した費用，生産能率の向上または生産計画の変更などによ
り，設備の大規模な配置換えを行った場合などの費用をいい，経常的な
性格を持つものは含まれません。
　開発費も，原則，支出時に売上原価または販売費及び一般管理費とし
て処理します。

　繰延資産として計上した場合には，支出後5年以内のその効果の及ぶ
期間にわたって定額法その他の合理的な方法により規則的に償却します。

　繰延資産は，「将来の期間に影響する特定の費用」であることから，
適正な損益計算の見地から，その効果の発現および収益との対応関係を
重視することによって，繰延経理されます。すなわち，繰延資産の原価
は，その効果が及ぶ将来の期間にわたって配分されて（費用配分の原則），
将来の収益と繰延資産償却の費用との対応関係（費用収益対応の原則）が

146

重視されます。

> :**専門用語を覚えよう！**
> ●**費用収益対応の原則**――適正な期間損益計算を行うために，
> 　　　　　　その期の収益とその収益を獲得するために要し
> 　　　　　　た費用との対応関係を重視して期間収益と期間
> 　　　　　　費用を確定して，その差額として当期純利益を
> 　　　　　　計算するものです。

　繰延資産は，将来の期間にわたって費用化される資産です。この点では，棚卸資産や有形・無形固定資産と同様に，**費用性資産**です。

　繰延資産と棚卸資産や有形・無形固定資産との相違点は，繰延資産には**換金価値**がなく，財産性を有するものではないという点にあります。
　換金価値のない繰延資産をバランス・シートに計上することには問題が指摘されています。
　そのため，繰延資産として計上することが認められている５項目は，いずれも原則として費用処理と定められているのです。

負債にはどのようなものがあるか

　貸借対照表の貸方は，会社の**資金調達の源泉**を示しています。その源泉としては，負債と資本があります。

　負債は，会社が所有者以外の銀行など外部から資金を調達した部分です。これは，**他人資本**とも呼ばれます。負債は，会社が将来，外部の資金提供者への返済などのために現金などの資源を引き渡す義務を表して

147

います。

　負債は，資産と同様に，最初に**営業循環基準**を適用して，その後，１年基準（ワン・イヤー・ルール）を適用することによって，**流動負債**と**固定負債**に分類します。

　営業循環基準では，事業活動の一連の流れである営業循環過程の中にある負債を**営業循環負債**と呼んで**流動負債**に分類します。営業循環負債には，具体的にいいますと，**支払手形**，**買掛金**などがあります。
　営業循環過程の中に入らない負債は，**非営業循環負債**と呼んで，**固定負債**に分類されます。非営業循環負債には，第三者からの資金調達を目的とした**社債**，**借入金**の他，営業活動以外を原因とした債務である**未払金**などがあります。

　固定負債に分類される**非営業循環負債**には，**１年基準**が適用されます。**１年基準**は，１年以内に現金化されるか否かに着目して，流動負債と固定負債との分類を行う考え方です。１年基準では，１年以内に現金で支払う義務があるものを**流動負債**，返済期限が１年を超えるものを**固定負債**に分類します。

社債を発行するとどうなるか

　社債(券)は，株式会社などが必要な資金を長期的に借り入れることを目的として発行する有価証券です。

　社債の発行は，借入金と同様に，会社が外部から資金調達する方法です。会社は，一定の期間後に，社債を引き受けてくれた人に対して借り

入れた金額と約束した利息を支払う義務があります。

社債を引き受けてくれた人のことを**社債権者**といいます。社債によって借りた金額を返済することを**社債の償還**といいます。社債を返済する時点を**社債の償還期限**といいます。

社債の償還は3年とか5年の長期に及ぶので，社債を発行したときは社債を**固定負債**として処理します。1年以内に償還期限が到来する社債は，1年基準によって，**1年内に満期の到来する社債**として，**流動負債**に振り替えます。

会社は，社債権者に対して，通常年に2回の利払日（りばらい）を定めて，一定の利率で計算した利息（**社債利息**）を支払います。

社債の発行には，①**平価発行**（へいか），②**割引発行**，および③**打歩発行**（うちぶ）があります。

①　平価発行（へいか）

これは，**発行価額を額面金額**（通常1口100円）と同じ金額で発行する方法です。

②　割引発行

これは，発行価額を額面金額よりも低い価額で発行する方法です。

③　打歩発行（うちぶ）

これは，発行価額を額面金額よりも高い価額で発行する方法です。

社債を社債金額よりも低い価額または高い価額で発行した場合など，収入額と債務額とが異なる場合には，**償却原価法**に基づいて算定された

価額をもって，貸借対照表価額としなければならないと規定されています。これは，貸借対照表に，将来返済義務のある額面金額ではなく，**発行価額で債務額を計上**することを意味します（償却原価法については，p.117を参照）。

　わが国の多くの会社が，割引発行によって社債を発行しています。社債を割引発行するのは，社債の利率を銀行などから借り入れる利子率よりも低く定めるため，実質的な利率を高めて応募条件を有利にするためです。

　社債を発行するためには，社債券の印刷費用や，証券会社などの取扱手数料が必要になります。これは，**社債発行費**といいます。

　社債発行費は，原則，発行した期間の**費用**として計上しますが，**繰延資産**として計上することも認められています。社債発行費を繰延資産として計上した場合には，償還期限までに償却しなければなりません。

CHECKPOINT

社債の割引発行の意味

　ある会社が，5年後に償還する契約で，額面金額@100円の社債を，発行価額@95円で，1,000口**割引発行**したとします。利率は，年に3％であるとします。@は1口という意味です。

　これは，会社は社債発行時に，**社債権者**から95,000円を受け取って，5年後の**償還期限**に，社債権者に対して実際に借りた金額よりも5,000円多い100,000円を**償還する**ことを意味します。

　また，会社は，社債の額面に利率3％をかけた3,000円（＝@100円×3％×1,000口）を，毎年**社債利息**として支払います。償還期限が5年後ですから，会社は1年分の社債利息3,000円の5年分15,000円を，社債権者に対して支払うことになります。

　結局，会社は，実際に95,000円を借り入れて，それよりも20,000円多い115,000円（＝100,000円＋15,000円）を社債の償還および社債利息として社債権者に対して支払うことになります。

　これを社債権者の立場からみると，社債権者は，社債の利率3％で計算した5年分の受取利息15,000円よりも5,000円多く受け取ることになります。すなわち，社債の実質的な利率は，3％よりも高いことになり，社債権者はいっそう有利な条件で資金を会社に貸し付けたことになります。

引当金は難しいぞ！

引当金とは，以下の要件を満たした場合に，当期の負担に属する金額を当期の費用または損失として計上するものです。

① 将来の特定の費用または損失であって，

② その発生が当期以前の事象に起因し，

③ 発生の可能性が高く，かつ

④ その金額を合理的に見積もることができる。

③に関連して，発生の可能性が低ければ**偶発債務**と呼び，引当金を計上することはできません。

引当金の設定目的は，以下のとおりです。

① **発生主義**に基づいて，当期の収益に対応する費用を計上して適正な**期間損益計算**を行うため

② **保守主義**の観点から，企業の資産価値の減少額を見積もり計上することによって，当該資産の決算日現在の貸借対照表価額を明らかにするため

専門用語を覚えよう！

● 発生主義──経済的事実の発生に基づいて収益および費用を認識する考え方です。経済価値の形成に基づいて収益を，経済価値の費消に基づいて費用を認識して，収入額および支出額に基づいて，収益および費用を測定します。

● 保守主義──企業会計原則によると，企業の財政に不利な影響を及ぼす可能性がある場合には，これに備えて適当に健全な会計処理をしなければならないという考え方です。**適当に健全な会計処理**とは，予想される損失は計上してもよいが，予想される利益は計上してはならないという処理方法です。

　一方で，保守主義では，企業会計に対して，予測される将来の危険に備えて慎重な判断に基づく会計処理を行うことを要求するのと同時に，**過度に保守的な会計処理**を行うことにより，企業の財政状態および経営成績の真実な報告をゆがめてはならないと要求しています。

　引当金は，性格の違いから，①**評価性引当金**と②**負債性引当金**とに分類されます。

① **評価性引当金**

　評価性引当金は，資産からの控除項目です。
　評価性引当金には，**貸倒引当金**があります。

　貸倒引当金は，受取手形，売掛金などの金銭債権の一部ないし全額が将来回収できない（**貸倒れ**）と予想されて，その原因が当期に発生した場合に，回収不能と見積もられた金額を**貸倒見積額**として，当期の費用

として引き当てるものです。

貸倒見積高の算定は，債務者の財政状態および経営成績などに応じて，債権を（ⅰ）一般債権，（ⅱ）貸倒懸念債権および（ⅲ）破産更生債権等の３つに区分して行います。

貸倒れの見積もり時における債権の区分	
（ⅰ）　一般債権	経営状態に重大な問題が生じていない債務者に対する債権
（ⅱ）　貸倒懸念債権	経営破綻の状態には至っていないが，債務の弁済に重大な問題が生じているかまたは生じる可能性の高い債務者に対する債権
（ⅲ）　破産更生債権等	経営破綻または実質的に経営破綻に陥っている債務者に対する債権

（ⅰ）　**一般債権に関する貸倒れの見積もり**

　　　一般債権の場合には，債権全体または同種・同類の債権ごとに，債権の状況に応じて求めた過去の貸倒実績率など合理的な基準により貸倒見積高を算定します。

（ⅱ）　**貸倒懸念債権に関する貸倒れの見積もり**

　　　貸倒懸念債権の場合には，債権の状況に応じて，つぎのいずれかの方法により貸倒見積高を算定します。

　　(a)　債権額から担保の処分見込額および保証による回収見込額を減

額して，その残額について債務者の財政状態および経営成績を考
慮して貸倒見積高を算定する方法

(b)　債権の元本の回収および利息の受取りに係るキャッシュ・フ
ローを合理的に見積もることができる債権については，債権の元
本および利息について元本の回収および利息の受取りが見込まれ
るときから当期末までの期間にわたり当初の約定利子率で割り引
いた金額の総額と債権の帳簿価額との差額を貸倒見積高とする方
法

(ⅲ)　**破産更生債権等に関する貸倒れの見積もり**

破産更生債権等の場合には，債権額から担保の処分見込額および
保証による回収見込額を減額し，その残額を貸倒見積高とします。

② **負債性引当金**

負債性引当金は，負債の部に計上されます。

負債性引当金は，**法的債務性のある引当金**，**法的債務性のない引当金**
および**収益控除性の引当金**に分類されます。

具体的には，つぎの表のようになります。

負債性引当金の種類									
	（ⅰ）	（ⅱ）	（ⅲ）	（ⅳ）	（ⅴ）	（ⅵ）	（ⅶ）	（ⅷ）	（ⅸ）
	製品保証引当金	工事補償引当金	売上割戻引当金	返品調整引当金	賞与引当金	退職給付引当金	修繕引当金	債務保証損失引当金	損害補償損失引当金
法的債務性あり	○	○	○	○	○1)	○1)		○3)	○3)
法的債務性なし					○2)	○2)	○		
収益控除性あり			○	○					

＊1）　労働協約，就業規則等に定めのある場合
＊2）　労働協約，就業規則等に定めのない場合
＊3）　債務保証および損害賠償が確定した場合

（ⅰ）　製品保証引当金および（ⅱ）工事補償引当金

　　これらは，販売した製品および工事が完成して引き渡した建物などに，保証書などで一定期間にわたる無償の修理を保証している場合に，期末に当期の売上高に対する将来の修理費を見積もって，当期の費用として引き当てるものです。

　　これは，保証書によって，保証期間内に生じる修理費用の負担を約束するものですから，法的債務性があります。

（ⅲ）　売上割戻引当金

　　これは，一定の期間内に一定の数量以上を購入した得意先に対して返戻金を支払う契約になっている場合に，期中における売上高に対して次期に支払う返戻金額を当期の費用として引き当てるものです。

　　売上割戻には，(a)売上高の減少として処理する方法と，(b)販売費

として処理する方法が考えられます。

(a)　売上高の減少として処理する方法

　　これは，売上割戻を，売上高の減少と売掛金の減少として処理する方法です。この場合，わざわざ売上割戻引当金を設定する必要はありません。

(b)　販売費として処理する方法

　　これは，売上割戻を販売費として，売上割戻引当金を設定する方法です。この場合，売上割戻を販売促進費用と考えることから，売上割戻引当金には法的債務性があります。売上割戻を売上高の減少と同様の性格をもつものととらえることから，売上割戻引当金は収益控除性引当金と考えられます。

(ⅳ)　**返品調整引当金**

　　これは，新刊の本や雑誌および薬など，返品率の高い商品を扱っている出版社や医薬品会社が，小売店と一定の期間，当初の販売価格で買い戻す契約を結んでいる場合に，次期に返品の予想される金額に対する利益相当額をあらかじめ見積もって，利益から控除する目的で，期末に当期の費用として引き当てるものです。

　　これは，本来，売上総利益から控除すべき性格の引当金ですので，**収益控除性引当金**と考えられます。

(ⅴ)　**賞与引当金**

　　これは，次回支払われる予定の従業員に対するボーナスの金額をあらかじめ見積もって，期末に当期の費用として引き当てるものです。

　　通常，わが国の企業はボーナスを6月（ないし7月）と12月に支給

します。期末（決算日）が３月31日であるとすると，この時点で，12月のボーナス支給以降３月31日までの労働に対するボーナスが費用として発生していることになります。

ボーナスの支給が，労働協約や賞与規定などに定めのある場合には，法的債務性があると考えられ，定めのない場合には，法的債務性がないと考えられます。ただし，労働協約や賞与規定などに金額計算について定めのある場合には，労働に対してすでに発生した費用であるから，引当金の要件を満たしていません。この場合には，未払賞与として，負債に計上します。

逆に，労働協約や賞与規定などに定めがなく，慣行としてボーナスが支払われている場合には，引当金の要件を満たすことになります。

(ⅵ)　**退職給付引当金**

これは，従業員が退職したときおよび退職後に支払われる退職給付の金額をあらかじめ見積もって，期末に当期の費用として引き当てるものです。

会社が支払う退職給付は，退職一時金と退職後年金から構成されます。

退職給付が，労働協約や退職金規定などに定めのある場合には，法的債務性があると考えられ，定めのない場合には，法的債務性がないと考えられます。

現在の「退職給付に係る会計基準」では，退職給付は基本的に労

働協約や退職金規定などに基づいて，従業員が提供した労働の対価として支払われる**賃金の後払い**であるという考え方が採用されています。

したがって，退職給付引当金は，引当金の要件の「①将来の特定の費用または損失」だけでなく，「当期の費用」も含むことになり，将来の退職給付のうち当期の負担に属する金額を当期の費用として引当金に繰り入れます。

ここから，退職給付引当金は，引当金というよりも，未払費用に近いもので，連結貸借対照表では，**退職給付に係る負債**という科目で計上されます。

(vii)　修繕引当金

これは，会社が事業に使用している機械などの有形固定資産について，将来修繕を行う予定がある場合に，その修繕費の金額をあらかじめ見積もって，期末に当期の費用として引き当てるものです。

有形固定資産に対する修繕は，その資産を将来使用し続けるための費用であって，その時点で売却や買い換えをする場合には生じません。したがって，修繕引当金には，法的債務性がありません。

一方，修繕引当金は，当期以前の事象に起因して発生した費用ではないので，引当金の要件を満たさないという考え方もあります（参考：田中弘『新財務諸表論（第5版）』税務経理協会，p.404−p.405）。

(viii)　債務保証損失引当金

これは，たとえば，親会社が子会社の債務の保証をしていて，子会社が債務不履行になる可能性が高くなったときに，保証しなければならない金額をあらかじめ見積もって，期末に当期の費用として

引き当てるものです。

　　債務保証損失引当金の金額を見積もることは，きわめて困難です。

　　債務保証損失引当金は，第三者に対する保証であるので，第三者
が債務不履行になるまで，法的債務性はありません。

（ix）　**損害補償損失引当金**

　　これは，たとえば，取引先などから損害賠償請求の訴えがなされ
ていて，かつ裁判所が損害賠償の義務を認める可能性が高くなった
ときに，賠償しなければならない金額をあらかじめ見積もって，期
末に当期の費用として引き当てるものです。

　　損害補償損失引当金は，裁判での敗訴が決定するまで債務は確定
しませんので，法的債務性はありません。

純資産にはどのようなものがあるか

　株式会社が資金調達をする方法の１つが，株主が自ら出資して会社の
資金を調達する方法です。これは，株主の持分を表していて，**株主資本**
といいます。

株主資本は，貸借対照表の**純資産の部**の中で表示されます。

貸借対照表は，つぎの**貸借対照表等式**で表すことができます。

$$資　産　＝　負　債　＋　純資産$$

　純資産の部は，過去において**資本の部**と呼ばれて，株主持分だけを表してきました。

　2005年（平成18年）に**会社法**が制定されました。わが国の会計基準の設定主体である**企業会計基準委員会**からも，企業会計基準第5号「貸借対照表の純資産の部の表示方法に関する会計基準」が公表されました。

　その結果，資本の部は**純資産の部**と名称が変更され，純資産の部の中では，従来までの資本の部とそれ以外の項目が表示されることになりました。

　現在の純資産の部は①**株主資本**，②**評価・換算差額等**＊，③**新株予約権**，(および連結貸借対照表では，さらに**非支配株主持分**) から構成されています。

① **株 主 資 本**

　株主資本は，**株主持分**を意味します。株主資本は，株主が出資した部分と事業活動の結果得られた利益から構成されます。これは，**拠出資本**と**剰余金**に区分して説明されます。

　拠出資本は，**払込資本**とも呼ばれ，株主から払い込まれた資本です。拠出資本は，**資本金**として表示されます。

　剰余金は，会社があらゆる取引から稼得した利益です。剰余金は，資本取引から生じた場合に**資本剰余金**として，損益取引から生じた場合に利益剰余金として，明確に区別することが要求されています (**資本取引・損益取引区別の原則**)。

> :**専門用語を覚えよう！**
>
> ---
> 「資本取引・損益取引区別の原則」企業会計原則・一般原則四
>
> これは，「資本取引と損益取引とを明確に区別し，特に資本剰余金と利益剰余金とを混同してはならない」という原則です。
>
> 会計上の取引は，**資本取引**と**損益取引**に区別して説明されます。**資本取引**とは，企業の元手（拠出資本）を直接に増減させる取引です。**損益取引**とは，その元手を運用する取引です。
>
> 会計処理において企業会計原則は，企業の財政状態および経営成績を適正に示すために，これらを区別することを要求しています。

② 評価・換算差額等

評価・換算差額等は，会社が所有している資産および負債を，現在の価値で評価・換算することによって損益が生じているが，それらが売却あるいは決済がされていないことから，未だに損益が確定していない差額金です。

これは**未だ損益が確定していない未実現損益**ですので，資本とは別個に評価・換算差額等として表示されます。

評価・換算差額等には，具体的にその**他有価証券評価差額金**，**繰延ヘッジ損益**，**退職給付に係る調整額**，（連結貸借対照表では，さらに**為替換算調整勘定**）があります。

評価・換算差額等の種類と意味	
その他有価証券評価差額金	これは，長期所有目的で時価評価が求められる「その他有価証券」における時価評価差額です。
繰延ヘッジ損益	これは，ヘッジ手段が時価評価されている場合に，ヘッジ対象に係る損益が認識されるまで繰り延べられるヘッジ手段に係る損益または評価差額です。ヘッジ手段とヘッジ対象に係る損益または評価差額を，同一の会計期間に認識し，ヘッジの効果を会計に反映させるために，純資産の部において繰り延べられた金額です。
退職給付に係る調整額	当期に発生した**未認識数理計算上の差異**および**未認識過去勤務費用**、ならびに当期に費用処理された**組替調整額**です。 ・**未認識数理計算上の差異**：数理計算上の差異のうち当期純利益を構成する項目として費用処理されていないものをいいます。 ・**数理計算上の差異**：年金資産の期待運用収益と実際の運用成果との差異、退職給付債務の数理計算に用いた見積数値と実績との差異および見積数値の変更等により発生した差異をいいます。 ・**未認識過去勤務費用**：**過去勤務費用**のうち当期純利益を構成する項目として費用処理されていないものをいいます。 ・**過去勤務費用**：退職給付水準の改訂等に起因して発生した退職給付債務の増加または減少部分をいいます。 ・**組替調整額**：その他の包括利益累計額に計上されている未認識数理計算上の差異および未認識過去勤務費用のうち、当期に費用処理された部分をいいます。

③　新株予約権

　新株予約権は，あらかじめ定められた金額で，将来株式を取得することのできる権利です。会社が取締役や従業員に対して**報酬として付与するストック・オプション**は，**新株予約権**として処理されます。

　この権利が，将来権利行使されれば，**払込資本**へ振り替えられる可能性がある一方で，失効して払込資本とはならない可能性もあります。

　このように，発行者側の新株予約権は，権利行使の有無が確定するまでの間，その性格が確定しないことから，純資産の部に独立して記載されます。

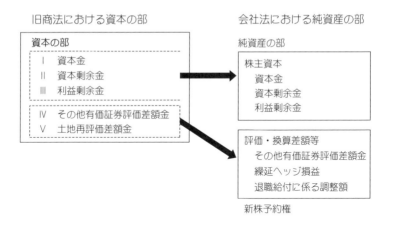

　純資産の部は，このように**株主の持分を表す株主資本**，**未実現損益を表す評価・換算差額等**，および**株主資本に含まれるか否かが確定できない新株予約権**というように，異なった性格の項目から構成されています。

　資産の部では資産性のあるもの，負債の部では負債性のあるものが表

示されることに対して，純資産の部は資産および負債に含めることができないさまざまな性質の項目が含まれています。

このことから，貸借対照表の純資産は，資産および負債の単なる差額であると考えられています。ここから，貸借対照表は，つぎの等式で表すことができます。

$$\text{資　産} - \text{負　債} = \text{純資産}$$

貸借対照表

資産の部	負債の部
流動資産	流動負債
固定資産	固定負債
繰延資産	純資産の部
	株主資本
	評価・換算差額等
	新株予約権

■ 株式を発行するとどうなるか

株式会社とは，**株式**を発行して**資金調達**をして，株式を引き受けた出資者である**株主**が全員**有限責任**である会社をいいます。

株式とは，株式会社における**株主の法律上の地位**を示すものです。株

式は，株主が会社に出資することによって得る権利を表しています。

　有限責任とは，株主は株式の引受価額を限度として出資義務を負うだけで，会社の債務について会社債権者に対して直接何も責任を負わないことをいいます。株主は，**会社が倒産した場合**，株式に出資した金額について損失を被りますが，株主個人の財産を処分してまで弁済義務を負うものではありません。

　株式会社は，株式を発行することによって，出資する株主を募ります。**株式会社**は，**株式**を発行して調達した**資金を株主に返済する義務**はありません。株主が，返済されないにもかかわらず，株式会社の株式を引き受けて出資する１つの理由は，市場価格のある株式であれば，株価の値上がりによる**キャピタル・ゲイン**を獲得するためです。

　それ以外に，株主が株式を取得する目的は，株式の取得によって，以下のような権利を得るためです。

　株式会社は株主から出資を受けた代償として，株主に対して，**剰余金配当請求権，残余財産分配請求権，議決権**などの権利を与えます。

出資に対して株主が得る権利	
剰余金配当請求権	会社が得た剰余金の分配を受ける権利
残余財産分配請求権	会社が解散するときに債務をすべて弁済したあとの残余財産の分配を受ける権利
議　　決　　権	株主総会に出席して，役員の任命および免職等について議決する権利

　会社法は**剰余金の配当**など上記権利について内容の異なる2以上の種類の株式を発行することを認めています。これは**種類株式**といわれますが，具体的な名称は説明されていません。

　旧商法が認めていた株式の種類から，①普通株式，②優先株式，③劣後株式（後配株）について説明します。

①　普 通 株 式

　これは，剰余金および残余財産の配当（分配）に関して標準的な権利が与えられた株式です。

②　優 先 株 式

　これは，剰余金および残余財産の配当（分配）に関する権利が他の株式よりも優越する株式のことです。通常は，普通株式と異なって議決権が与えられていない**無議決権株式**です。

③　劣 後 株 式

　これは，剰余金および残余財産の配当（分配）に関する権利が他の株式よりも劣る株式のことです。

　種類株式を発行して株主の権利が異なるのは，**株主平等の原則**から問題があるとの指摘もあります。株主平等の原則とは，株式持分に応じて同等の権利が与えられることをいいます。

　株式会社が株主から出資を受けた金額は，原則，全額**資本金**として処理されます。ただし，払い込み額のうち2分の1を超えない金額は，資本金として計上しないことが認められています。

◆　必須知識編

　資本金として計上されない金額は，**資本準備金**として処理されます（会社法第445条）。

　会社法は，旧商法が採用していた**最低資本金制度**を廃止したので，資本金が１円の株式会社も設立が可能です。現実に資本金１円の株式会社が，数多く設立されているといわれています。

　会社設立後，資本金を増加したり，減少したりすることができます。資本金を増加することを**増資**といいます。資本金を減少することを**減資**といいます。

　増資は，株式会社が新たな設備投資を行うため，事業規模を拡大するため，株主数を増やすためなどを目的として行われます。増資には①有償増資と②無償増資があります。

① 　有 償 増 資

　有償増資は，株主から払込金を受けて新株を発行する増資です。設備資金や営業資金が必要なとき，借入金が膨らみ資本構成が悪くなったときなどに行われます。

② 　無 償 増 資

　無償増資は，会社の他の資産を振り替えて新株を発行する増資です。**資本準備金や利益準備金を資本金に組み入れて**，新株を発行します。無償増資は，会社の**資本構成の是正**や，**株主への利益還元**などを目的として行われます。

　減資は，経営不振からの再建を目指す株式会社が行うことが多いので，会社債権者をはじめとした利害関係者にとってきわめて重大な問題です。

減資は，①欠損金の補填のために資本金を取り崩すため，②過大となった資本金の額を減らすため，③企業再生や「合併および取得」(Merger and Acquisition：M＆A)に向けて財務構造の見直しに取り組むためなどを目的として行われます。

　会社法は，減資を単なる資本の部の**計数の変動**にすぎないと位置づけています。これによって，減資は，旧商法における払い戻し（有償減資）や株式数の減少と区別して考えられるようになりました。株主への払い戻しを行う有償減資は，すべて**剰余金の分配**として行われます。

> **専門用語を覚えよう！**
>
> ● **計数の変動**——株主資本における資本金，資本準備金およびその他資本剰余金の間，並びに資本金，利益準備金およびその他利益剰余金の間で，自由に振り替えを行うことができ，その結果，それぞれの構成比率に変化が生じることをいいます。
> 　具体的には，資本準備金および利益準備金の積み立て，資本準備金および利益準備金の資本組入れ，任意積立金の積立てなどがあります。

株主資本はどういう内容か

　現在の貸借対照表の純資産の部は，**株主資本**と**株主資本以外の部分**から構成されています。株主資本は，株主持分を表しています。

　株主資本は，**拠出資本**と**剰余金**から構成されます。

　拠出資本は，株主が出資した金額で，**資本金**として表示されます。

　剰余金は，事業活動の結果稼得した利益を意味します。これは事業活動を資本取引と損益取引とに区別して，株主資本間の資本取引から生じた**剰余金**は**資本剰余金**，営業活動などの損益取引から生じた剰余金は**利益剰余金**として表示されます。

　資本剰余金は，**資本準備金**と**その他資本剰余金**から構成されます。

　資本準備金は，会社の設立や株式の発行の時に払い込まれたか給付を受けた財産の額の2分の1を超えない額を積み立てた部分と，その他資本剰余金から配当を行った場合に配当によって減少するその他資本剰余金の額のうち，その10分の1の額を強制的に積み立てられた部分です。

　その他資本剰余金は，資本準備金以外の資本剰余金です。具体的には，資本金を減少する減資を行った際に，払い戻し，消却，欠損填補などを超える資本金の減少額である**減資差益**や，取得した自己株式を売却または消却したことに伴い生じる**自己株式処分差損**などがあります。

　利益剰余金は，**利益準備金**と**その他利益剰余金**から構成されます。

　利益準備金は，その他利益剰余金から配当を行った場合に配当によって減少するその他利益剰余金の額のうち，その10分の1の額を強制的に積み立てられた部分です。

　その他利益剰余金は，利益準備金以外の利益剰余金です。具体的には，稼得した利益の一部を株主総会または取締役会の決議によって，任意に社内留保した**任意積立金**があります。任意積立金以外は**繰越利益剰余金**

として処理されます。繰越利益剰余金は，前期までの繰越利益の合計額
と当期未処分利益から構成されます。

　資本準備金と利益準備金は，**法定準備金**といわれます。会社法は，資
本準備金と利益準備金の合計金額が資本金の4分の1に達するまで積み
立てることを要求しています。

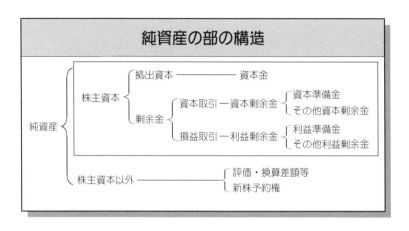

バランス・シートの形式にはどのようなものがあるか

貸借対照表の表示形式には，**勘定式**と**報告式**があります。

勘定式は，借方と貸方を左右対照に表示する形式です。

報告式は，借方と貸方を上下につなげて表示する形式です。

（勘定式）

貸 借 対 照 表

○○株式会社　　　　　　（単位：千円）

×　×年 3 月31日

資 産 の 部	負 債 の 部
流 動 資 産 固 定 資 産 　有形固定資産 　無形固定資産 　投資その他の資産 繰 延 資 産	流 動 負 債 固 定 負 債 　　負 債 合 計
	純資産の部 株 主 資 本 　資 本 金 　資本剰余金 　利益剰余金 評価・換算差額等 新株予約権 　　純資産合計
資 産 合 計	負債純資産合計

（報告式）

貸 借 対 照 表

○○株式会社　　　　（単位：千円）

×　×年 3 月31日

資 産 の 部
　流 動 資 産
　固 定 資 産
　　有形固定資産
　　無形固定資産
　　投資その他の資産
　繰 延 資 産
　　資 産 合 計

負 債 の 部
　流 動 負 債
　固 定 負 債
　　　負 債 合 計

純資産の部
　株 主 資 本
　　資 本 金
　　資本剰余金
　　利益剰余金
　評価・換算差額等
　新株予約権
　　　純資産合計
　　　負債純資産合計

貸借対照表の配列法には，**流動性配列法**と**固定性配列法**があります。

　流動性配列法は，資産の部および負債の部において，現金化する期間が短い流動性の高いものから順に記載する方法です。資産の部は，流動資産，固定資産の順に記載されます。負債の部は，流動負債，固定負債の順に記載されます。

　現在，**日本では**，原則，**流動性配列法**を採用するように規定されています。

　固定性配列法は，資産の部および負債の部において，長期性のある資産および負債から順に記載する方法です。

　日本の会社の中でも，電力会社やガス会社など，多額の設備を所有して事業活動を行っている会社は，**固定性配列法**に従って貸借対照表を作成しています。

　具体的な勘定科目の例を含めて，勘定式で流動性配列法に従った貸借対照表を例示すると，以下の図のとおりです。

貸 借 対 照 表

資 産 の 部	負 債 の 部
流 動 資 産	流 動 負 債
現 金 預 金	支 払 手 形
受 取 手 形	買 掛 金
貸倒引当金	短 期 借 入 金
受取手形（純額）	‥‥‥‥‥
売 掛 金	流 動 負 債 合 計
貸倒引当金	固 定 負 債
売掛金（純額）	社 債
有 価 証 券	長 期 借 入 金
商 品	‥‥‥‥‥
‥‥‥‥‥	固 定 負 債 合 計
固 定 資 産	
有形固定資産	
建 物	
減価償却累計額	
建物（純額）	
構 築 物	
減価償却累計額	
構築物（純額）	
‥‥‥‥‥	負 債 合 計
有形固定資産合計	純資産の部
無形固定資産	株 主 資 本
特 許 権	資 本 金
商 標 権	資 本 剰 余 金
の れ ん	資 本 準 備 金
‥‥‥‥‥	その他資本剰余金
無形固定資産合計	資本剰余金合計
投資その他の資産	利 益 剰 余 金
投 資 有 価 証 券	利 益 準 備 金
投 資 不 動 産	その他利益剰余金
‥‥‥‥‥	利益剰余金合計
投資その他の資産合計	株 主 資 本 合 計
固 定 資 産 合 計	評価・換算差額等
繰 延 資 産	その他有価証券評価差額金
株 式 交 付 費	繰延ヘッジ損益
社 債 発 行 費	土地再評価差額金
‥‥‥‥‥	評価・換算差額等合計
繰 延 資 産 合 計	新株予約権
	純 資 産 合 計
資 産 合 計	負債純資産合計

バランス・シートから何が読み取れるか

　貸借対照表は，期末における会社の**財政状態**を明らかにするものです。
　貸借対照表から，会社の**財務安定性**および**支払能力**を判定することが
できます。具体的に分析する場合には，①株主資本比率・負債比率，②
固定比率・固定長期適合比率，③流動比率・当座比率などの比率が用い
られます。

①　株主資本比率・負債比率

　貸借対照表の貸方は，負債と純資産から構成されます。
　負債は，銀行など株主以外の外部から資金調達した金額を表していて，
他人資本ともいわれます。

　純資産は，株主資本，評価・換算差額等および新株予約権から構成さ
れました。この中の株主資本は，株主持分を意味していて，株主から資
金調達した金額を表しています。

　会社の資産が，どれくらい株主資本によって取得されて運用されてい
るかを計算することによって，**返済義務のある他人資本と返済義務のな
い株主資本とのバランス**といった会社の資本構成が明らかになり，会社
の**財務安定性**が理解できます。

　たとえば，借金だらけの会社と，無借金の会社とを比較してみましょ
う。

　会社が借金だらけでしたら，営業活動からどんなに利益（現金預金）を

175

獲得しても，それは借金の元本の返済と利息の支払いに回されて，利益（現金預金）はなかなか増えずに不安定な経営状態が続くことになるでしょう。設備投資を行うための余剰資金もなかなか得ることができず，将来の企業経営に支障を来す可能性もあります。

　会社が無借金でしたら，借金のある会社とは逆に，元本の返済も利息の支払いも必要ありませんから，営業活動から得られた利益（現金預金）が蓄積されて，安定した企業経営を行うことができます。また，蓄積された現金預金を使って，新たな設備投資などを行って事業拡張の可能性が高くなります。

　財務安定性を計る代表的な指標に，**株主資本比率**があります。これは，つぎの算式で計算されます。

$$株主資本比率＝\frac{株主資本}{総資産}×100（\%）$$

　株主資本比率が高ければ，借り入れによって資金調達している割合が低いことになりますので，**財務安定性**が高いことになります。

```
CHECKPOINT
```

株主資本比率と自己資本比率

　2005年（平成18年）に会社法が制定され，企業会計基準委員会から企業会計基準第5号「貸借対照表の純資産の部の表示方法に関する会計基準」が公表される以前では，**純資産の部**は**資本の部**と呼ばれてきました。

　資本の部は株主持分だけを表していたので，負債の部を**他人資本**と呼び，資本の部は**自己資本**と呼ばれてきました。

　ところが，資本の部が純資産の部に変更されて，**純資産の部**は**株主資本とそれ以外**を含むこととなりました。それに伴って，財務安定性を計る代表的な指標は，それまでの**自己資本比率**から，**株主資本比率**へと変更されています（東京証券取引所ホームページより）。

　自己資本比率は，つぎの算式で計算されてきました。

$$自己資本比率＝\frac{自己資本（資本の部合計）}{総資産}×100（\%）$$

　株主資本比率と自己資本比率の違いは，分子が**資本の部の合計**か，純資産の部の中の**株主資本**だけかによります。

　この違いは，**負債比率，固定比率，固定長期適合比率**などの計算式にも影響を及ぼします。

　つぎの表は，日本の上場会社全体における**株主資本比率**の平均値において，高い業種と低い業種を示しています。この表は，業種ごとに資本構成に違いがあることを示しています。比較分析するときには，業種の特徴を十分に考慮する必要があります。

■ **株主資本比率の高い業種10**

No.	業 種 名	%
1	医薬品	70.02
2	鉱 業	65.66
3	化 学	59.67
4	情報・通信業	59.25
5	機 械	58.72
6	金属製品	57.38
7	精密機器	57.36
8	鉄 鋼	57.33
9	ガラス・土石製品	57.32
10	電気機器	57.12

■ **株主資本比率の低い業種10**

No.	業 種 名	%
1	海運業	25.54
2	電気・ガス業	33.86
3	不動産業	39.34
4	石油・石炭製品	39.35
5	小売業	40.70
6	陸運業	40.84
7	空運業	41.85
8	輸送用機器	46.15
9	水産・農林業	47.56
10	卸売業	47.95

資料：東京証券取引所上場企業・2022年度連結財務諸表
（銀行・証券・保険。その他金融業を除く）

株主資本比率と類似して，**財務安定性**を分析する分析指標として，他人資本と株主資本の割合を計算する**負債比率**があります。負債比率は，つぎの算式で計算されます。

$$負債比率 = \frac{負債}{株主資本} \times 100 \, (\%)$$

これは，株主資本の金額に対して，負債がどれくらいの割合を占めているかを示しています。株主資本による資金調達以上に，負債によって資金調達が行われていれば，負債比率は100％を超えます。

負債比率は，株主資本比率が高ければ低く，株主資本比率が低ければ高いというように，株主資本比率と密接に関連した指標です。

②　固定比率・固定長期適合比率

　固定資産と固定負債を比較した**固定比率**，および固定資産と（固定負債＋株主資本）を比較した**固定長期適合比率**からも，**財務安定性**が理解できます。

　たとえば，固定資産への投資額は，減価償却の手続きにより耐用年数にわたって少しずつ回収されます。減価償却の手続きには，自己金融の効果があります。

　減価償却費は支出を伴わない費用であり，当該金額だけ現金預金が企業内に留保されます。このような効果は，固定資産の耐用年数にわたり長期的に得られるもので，逆に短期的に得ることはできません。

　減価償却の手続きによって資金の回収が長期に及ぶ固定資産を，短期的に返済の迫られる短期借入金などによって取得したとします。この場合，短期的に返済期日のくる短期借入金の返済に必要な現金支出を，長期的に固定資産から回収される現金収入によってまかなうことはできません。すなわち，現金収支の間にアンバランスが生じます。

　そこで，**固定資産は長期の資本，特に返済義務のない株主資本によって取得することが望ましい**という考え方が生まれてきます。これは，**固定比率**によって表されます。

$$固定比率＝\frac{固定資産}{株主資本}×100（％）$$

　固定比率が100％以下であれば，固定資産が株主資本によって取得されていることを表し，資金的に余裕があることを意味します。

　つぎの表は，日本の上場会社全体における固定比率の平均値において，高い業種と低い業種を示しています。この表は，株主資本比率と同様に，固定比率においても業種ごとに違いがあることを示しています。

■ 固定比率の低い業種10

No.	業　種　名	%
1	情報・通信業	65.98
2	医薬品	67.54
3	建設業	69.40
4	電気機器	77.07
5	卸売業	77.97
6	精密機器	80.00
7	機　械	81.17
8	化　学	89.79
9	その他製品	92.55
10	鉄　鋼	97.48

■ 固定比率の高い業種10

No.	業　種　名	%
1	陸運業	396.86
2	電気・ガス業	303.99
3	海運業	301.17
4	小売業	248.69
5	石油・石炭製品	242.17
6	倉庫・運輸関連業	161.83
7	パルプ・紙	145.69
8	空運業	130.37
9	水産・農林業	128.23
10	食料品	123.74

資料：東京証券取引所上場企業・2022年度連結財務諸表
　　　（銀行・証券・保険。その他金融業を除く）

　海運業，電力・ガス業などのように，固定比率の高い業種の多くは，事業活動を行うために巨大な設備を必要とする会社です。それらの会社は，株主資本だけで固定資産を取得することが困難です。そのような場合には，株主資本だけでなく，長期借入金や社債などのように長期的に返済が可能な固定負債を加えた範囲で取得することが望ましいと考えられます。これは，**固定長期適合比率**によって表されます。

$$固定長期適合比率＝\frac{固定資産}{株主資本＋固定負債}×100（\%）$$

　固定長期適合比率が100％以下であれば，固定資産が株主資本と固定
負債の合計金額の範囲内によって取得されていることを表します。固定
比率が100％を超えていても，固定長期適合比率が100％以下であれば，
会社の財政状態が健全であると考えられます。

　つぎの表は，固定比率の高い電気・ガス業の会社を対象として，固定
長期適合比率についての計算結果を示しています。すべての会社が
100％以下ではありませんが，多くの会社の固定比率がきわめて高いのに
対して，固定長期適合比率は100％に近いことが理解できます。

（単位：％）

No.	会 社 名	固 定 比 率	固定長期適合比率
1	㈱レノバ	938.38	96.35
2	九州電力㈱	728.32	109.15
3	北海道電力㈱	644.05	106.66
4	中国電力㈱	555.97	113.45
5	東北電力㈱	551.97	110.60
6	関西電力㈱	447.81	109.46
7	北陸電力㈱	440.83	100.93
8	西部ガスホールディングス㈱	429.23	104.24
9	四国電力㈱	408.21	101.76
10	東京電力ホールディングス㈱	345.85	123.60
11	電源開発㈱	297.97	101.46
12	中部電力㈱	276.75	111.31
13	沖縄電力㈱	241.14	103.16
14	北海道ガス㈱	228.83	103.29
15	㈱エフオン	223.56	93.64
16	東京瓦斯㈱	193.49	90.28
17	イーレックス㈱	175.97	90.21

18	大阪瓦斯㈱	168.64	93.92
19	東邦瓦斯㈱	156.80	106.54
20	広島ガス㈱	144.69	88.29
21	京葉瓦斯㈱	140.51	100.23
22	静岡ガス㈱	92.35	77.97
23	メタウォーター㈱	39.81	31.28

資料：東京証券取引所プライム市場上場企業・2022年度連結財務諸表

③　流動比率・当座比率

　日本の会社の多くが**流動性配列法**に従って貸借対照表を作成しています。

　流動性配列法は会社の**支払能力を判定**するのに役立つ表示方法です。

　たとえば，流動負債が100万円あるにもかかわらず，流動資産は10万円の会社を考えてみます。具体的に，短期借入金が100万円，現金預金が10万円であるとします。この会社は，短期借入金の返済期日に倒産する可能性があります。

　流動比率は，流動資産と流動負債のバランスを計算することによって，会社の短期的な**支払能力**を理解する指標です。これは，つぎの算式で計算されます。

$$流動比率＝\frac{流動資産}{流動負債}×100（\%）$$

　流動資産には，現金預金をはじめとして，受取手形，売掛金，有価証券，商品・製品などがあります。

　これらの中で，商品・製品といった**棚卸資産**は，いつでも販売して現金化することができるものではありません。

　受取手形や売掛金は，それらを回収して現金化したとしても，新たな商品・製品の取得のために必要な資金です。

　このように考えますと，流動資産の金額は，流動負債の金額よりもかなり多い方が，会社の支払能力が高いことになり，財務安定性を計る上でも望ましいことになります。一般的に，**流動比率は，200％以上**であることが望ましいといわれています。

　つぎの表は，日本の上場会社全体における流動比率の平均値において，高い業種と低い業種を示しています。流動比率の業種平均値で200％を大幅に超えている業種があるのに対して，200％以下の業種も数多くあります。ここでも，業種間において，流動比率にかなりの違いがあることが理解できます。比較分析するときには，業種の特徴を十分に考慮する必要があります。

■ 流動比率の高い業種10

No.	業　種　名	％
1	医薬品	527.05
2	精密機器	410.59
3	情報・通信業	349.98
4	不動産業	332.09
5	電気機器	317.17
6	機　械	309.45
7	鉱　業	301.05
8	繊維製品	272.96

■ 流動比率の低い業種10

No.	業　種　名	％
1	海運業	101.00
2	陸運業	112.87
3	石油・石炭製品	131.49
4	電気・ガス業	141.70
5	小売業	162.36
6	輸送用機器	185.17
7	倉庫・運輸関連業	188.79
8	パルプ・紙	196.54

9	ガラス・土石製品	270.49
10	非鉄金属	267.00

9	食料品	200.89
10	ゴム製品	206.08

資料：東京証券取引所上場企業・2022年度連結財務諸表
　　　（銀行・証券・保険。その他金融業を除く）

　流動比率と同様に支払能力を判定する指標として，**当座比率**があります。

　流動資産が棚卸資産などを含んでいることから，流動資産の全額を流動負債の返済に予定することは危険です。そこで，当座比率は，より確実な返済財源だけで会社の支払能力を判定しようとするものです。

$$当座比率＝\frac{当座資産}{流動負債}×100（\%）$$

　当座資産とは，流動資産の金額から，棚卸資産などの即座に換金が困難な資産の金額を除いた資産です。当座比率は，100％以上であることが望ましいといわれています。

　この比率は，支払能力を判定するリトマス試験紙の役割を果たすことから，**酸性試験比率**とも呼ばれます。

　一方で，流動負債は，1年以内に返済期日が訪れる負債とはいえ，今すぐに返済が迫られるものではありません。ここから，当座比率はあまりに厳格に支払能力を判定する指標であると考えられます。この意味から，**企業の正常な営業活動を前提とした支払能力を判定**するためには，**流動比率**の方が優れていると考えられます（参考：田中弘『経営分析－会計データを読む技法－』中央経済社，p.127他）。

CHAPTER 2

損益計算書（P／L）
ピー・エル
の構造を知る

ここでは，損益計算書とは何の目的で作成するのか，どうやって作るのか，また，どのように利用するのか，ということを一緒に考えてみましょう。

■ どういう構造になっているのか

損益計算書は，英語で Profit and Loss statement と表記されることから，Profit とLoss の頭文字を取って，P／Lと表記されたり，ピーエルと呼ばれることもあります。

損益計算書（P／L）は，企業の儲けである**利益**を計算するものであり，企業の**業績評価**に重要な役割を担う計算書です。

会計学のスタンダードな教科書を開くと，「損益計算書は，企業の**経営成績**を表す」ということが書かれています。では，この経営成績とは，一体何でしょうか？

　結論的にいえば，**経営成績**とは，「企業がある一定期間内（たとえば1年間，半年等）に**どれくらい儲けたのか？**」ということであり，また，それが**利益の額**で表現されるのです。

　まず経営成績の意味について，ここでは，考えるヒントとして，「経営の成績」，というように，間に'の'を入れて前後を分離してみましょう。まず「**経営**」ですが，これは，（もちろん，学問的にはいろいろな定義があるでしょうが，そういうことはとりあえず捨象して）大まかに言うと，要は**企業が行うビジネス**のことを指します。

　たとえば，皆さんの身の回りを見てみると，いろいろな企業が存在し，またいろいろなビジネスを行っています（もしくは，読者の皆さんの中には，実際に企業にお勤めの人もいるかもしれませんね）。コンビニエンスストアであれば，さまざまな商品を顧客に提供するビジネスを展開していますし，また，美容院などの接客業であれば，髪を切るというサービスを顧客に提供するビジネスを展開しています。まず，これが「経営」ということの意味です。

　次に「**成績**」ですが，これはある物事の出来，不出来，つまり，あることをうまく行うことができたかどうかという結果（ないし，その結果を指標化したもの）を指します。

　たとえば，自分の中学・高校時代のことを思い出してみましょう。数学や英語などはCだったけど，体育だけはAだったな，という人もいるかもしれませんが，まさにそのAとかCとかいうのが成績になります。

　もしくは，テストであれば，100点満点で0から100までの間で，自分の出来・不出来が指標化されます。たとえば，日本史のテストは100点満点中90点だった，ということであれば，日本史の出題範囲の内容については，相当の理解度があるということになりますし，また他方，20点だったということであれば，その内容についてあまり理解していなかっ

たということになるでしょう。これが「成績」ということの意味です。

　これらを踏まえた上で，「**経営の成績**」という言葉に戻って考えてみましょう。ここまでの話を総合すると，経営の成績とは，要は**ビジネスの出来・不出来**（およびそれを表す指標）ということになりそうですし，また**損益計算書**はそういったものを記載する**ビジネスの成績表**ということになりそうです。

　では，ビジネスの出来・不出来（単に「**業績**」と呼ぶ場合もあります）は，具体的にはどのような指標（モノサシ）で表現されるのでしょうか。もちろん，これには，いろいろな捉え方があるかもしれませんが，会計の世界では，企業の重要な目的のひとつにお金を稼ぐという側面があること，客観的で分かりやすいこと，および，企業同士で比較しやすいことなどの理由から，企業が実際に稼いだお金をひとつのモノサシとして，ビジネスの出来・不出来を捉えているのです。そして，この「**稼いだお金**」のことを，会計の世界では「**利益**」と呼んでいます。

　では次に，一体，**利益とは何なのか**，考えてみましょう。

　企業が稼いだお金と聞いて，ぱっと頭に思い浮かぶのは，企業が実際に売った商品やサービスの合計金額，つまり**売上**金額ではないでしょうか。では，この売上金額が，そのまま利益の金額となるのでしょうか。具体例で考えてみましょう。

　たとえば，ある企業が，1万円の商品を10個売って，売上金額が10万円になったとします。では，この10万円がそのまま企業の利益になるのでしょうか。つまり，この売上高10万円を，実際に企業が稼いだお金として捉えていいのでしょうか。

　結論的にいえば，その答えは，「No.（ノー）」ということになります。ここでは，さらに追加条件として，この商品を売るのに，材料費や人件費，および，もろもろの経費で，合計20万円の**コスト**がかかったとして考えてみましょう。

　この場合，売上金額だけをみれば10万円ということですので，この企業は儲かったと言えてしまいそうです。しかしながら，この売上をたたき出すのに，20万円のコストをかけてしまっています。このことからすれば，この企業のビジネスの出来は，むしろ，あまりよくなかったということが言えそうです。

　つまり，この企業が本当に稼いだお金は，売上の10万円という金額ではなく，売上10万円からコスト20万円を差し引いた差額のマイナス10万円ということになり，そしてこの金額こそが，ビジネスの出来・不出来の指標たる利益ということになります（この場合は，利益がマイナス，つまり赤字となってしまっていますので，ここからビジネスの出来はよくなかったということが理解できます）。

　このように，**利益**とは，単なる**売上金額**ではなく，そこから，企業が実際に費やしたコスト部分を差し引いて求める必要がありそうです。

　ここでの売上金額のことを，広く一般に「**収益**」と呼びます。また，こういった**収益獲得のために企業が費やしたコスト**のことを，「**費用**」と呼びます。**利益**は，**収益から費用を差し引いた金額**で計算します。

CHECKPOINT

　損益計算書は，企業の**経営成績**（ビジネスの出来・不出来）を，**利益**金額で表現します。また利益は，以下のように算定します。

収　益－費　用＝利　益

　また，**損益計算書**では，単に利益の金額だけをそのまま記載するので
はなく，収益から費用を差し引いて利益を計算するその一連のプロセス
を記載するという点も重要です。

　たとえば，野球の試合を考えてみましょう。チームＡとチームＢとが
１点差で争っているとします。しかし，この「１点差」という情報から
だけでは，この試合が「10対９」でホームラン飛び交う乱打戦なのか，
もしくは，「１対０」でハラハラ緊迫した投手戦なのか，ということは
把握できません。つまり，その試合がどういう内容なのかを知るために
は，単に「１点差」という情報のほかに，それが，いったい「何点対何
点」の試合なのか，という情報も必要不可欠です。そしてこれは，会計
の世界でも同じです。たとえば，利益が100万円といっても，それが，
売上高（収益）１億円に対してコスト（費用）を9,900万円かけた結果な
のか，それとも，売上高（収益）101万円に対してコスト（費用）を１万
円しかかけなかった結果なのかでは，その利益100万円の意味も大きく変
わってきます。

　すなわち，このケースでは，どちらも利益の金額は100万円で同じな
のですが，まず一方，前者であれば，売上とほぼ変わらないコストをか
けてしまっているという意味で，決して効率的な（費用対効果のよい）ビ
ジネスとは言い難いですし，他方，後者であれば，非常に効率的なビジ
ネスを行っているということが言えましょう。

　このように，単に企業のもうけ（利益）だけを表示するのでなく，そ
の利益が，どのような売上規模で，またどれだけのコストをかけて生み
出されたか，その計算プロセスを明示して初めて，**損益計算書**は，企業
の**本当の業績**を描写することができるのです。

CHECKPOINT

損益計算書は，利益の金額だけを表示するだけでなく，そこに行き着くプロセス（収益から費用を差し引き計算するプロセス）を表示することで，企業の本当の業績を表しています。

このように損益計算書では，収益から費用を差し引いて利益を計算するのですが，利益を計算するに当たっては，もうひとつ大事なことがあります。それは，利益を計算するに当たって（つまり，収益と費用の金額を集計するに当たって），その計算期間を決めておかなければならないということです。

すなわち，企業のビジネス活動は，基本的にはずっと続いていくことが予定されているといえます。もちろん，実際には倒産してしまう企業もあるかもしれませんし，また，企業内の個々のプロジェクトをみると，期間限定のものもあるでしょう（たとえばダムの建設やビルの工事など）。しかしながら，企業の全社的な方向性としては，継続してビジネスを続けていくことが予定（ないし期待）されていると言っても過言ではないでしょう（このような考え方ないし前提のことを，会計の世界では，継続企業の公準と呼んでいます）。

ですから，利益を計算する場合は，ある一定の期間を人為的に区切って，その期間内における利益金額を計算する必要が出てきます。このように期間を区切って利益を計算することを，会計の世界では，期間損益計算と呼んでいます。

> **⋮専門用語を覚えよう！**
>
> ● **継続企業の公準**──企業が（ある程度）永続的に活動を続け
> るという，会計上の前提のことをいいます。
>
> ● **期間損益計算**──期間を区切って利益の計算をすることをい
> います。

　この「ある一定の期間」は，通常は１年間ですが，いつからいつまで
とするかは企業の任意で決定できます。実際には，暦（こよみ）に合わせて１月１
日から12月31日とするか，もしくは，日本の学校などと同じように，４
月１日から翌年の３月31日とする企業が，比較的多いようです。

　また最近は，１年間よりも短く，半年間や，もしくは四半期（しはんき）（３か月
間）で利益を計算しようという流れにあります。このような流れは，**投
資家保護**の視点，具体的には，**適時に会計情報を開示**しようといういわ
ゆる**タイムリー・ディスクロージャー**の観点から，求められているもの
です。

> **⋮専門用語を覚えよう！**
>
> ● **タイムリー・ディスクロージャー**──投資家保護のために
> （具体的には投資家の経済的意思決定に
> 資するために），会計情報を適時に開示す
> ることをいいます。

▰ ５つの利益は何を示しているか

　先に述べたとおり，損益計算書は，

$$\boxed{収　益　-　費　用　=　利　益}$$

により，企業の経営成績（ビジネスの出来・不出来）を表現するものです。

　しかしながら，実際の企業は，実に多くの経済活動を行っています。たとえば，本業のビジネスに係る活動のほかに，そうしたビジネスを支えるために銀行からお金を借りたり，もしくは，金融商品を利用したいわゆる'財テク'などを行っていたりする企業もあるでしょう。

　また，企業がおかれている経営環境の変化等により，リストラや企業再編などに莫大なお金を使ったり，もしくは，予期せぬ不測の事態により，大きな被害（損失）を被ってしまうことも，時にはあるかもしれません。つまり，一口に**利益**，もしくは，**収益**ないし**費用**といっても，その**性質**ないし**発生原因**はさまざまであるということが言えます。

　しかしながら，もし仮に，そのような発生原因を交通整理せずに，すべてごちゃまぜにして利益を計算してしまったとしたらどうでしょうか。もちろん，最終的な利益金額は計算されるのですが，その計算プロセスが交通整理されていない状態では，損益計算書が本当に企業の業績を表すことができるかどうか，はなはだ疑問であるといわざるを得ません。

　そこで，損益計算書では，このような企業の実態にあわせて，**発生原因別に収益と費用とを分類**して，その分類ごとに，いわば**段階的に利益を計算**していくというスタイルを採っています。つまり，収益や費用を単に羅列するのではなく，発生原因別に交通整理することで，企業の業績をより適切に表現しようとしているのです。

　現行の制度では，具体的には，損益計算書を以下のように3つの区分に分けて計算・表示します。

1．営業損益計算区分

2．営業外損益計算区分

3．特別損益計算区分

ここで，各区分を順番に並べた損益計算書を示すと，以下のようになります。

損　益　計　算　書

営業損益計算区分　←　営業損益計算に係る収益・費用

営業外損益計算区分　←　営業外損益計算に係る収益・費用

特別損益計算区分　←　特別損益計算に係る収益・費用

CHECKPOINT

　損益計算書では，収益や費用の**発生原因別**に，次の３段階の損益計算がなされます。

1．営業損益計算区分

2．営業外損益計算区分

3．特別損益計算区分

以下，各項目別の意味について簡単に説明します。

まず，**営業損益計算区分**についてみてみましょう。ここには，企業がメインで行っているビジネス（いわゆる**'本業'**）に係る収益と費用が集計されることになります。たとえば，商品販売業を営んでいる企業であれば，その商品販売に係る収益と費用がこの区分に集計されますし，また，サービス業を営んでいる企業であれば，そのサービス業に係る収益

と費用がこの区分に集計されます。

　また，メインで行っているビジネスに係る費用の中でも，たとえば材料費や商品の仕入れ額などのように，収益獲得に直接的に貢献している項目もあれば，他方，本社ビルのメンテナンス費用などのように，収益獲得に直接的には貢献していない（間接的に貢献している）項目もあるでしょう。

　そこでこの区分では，そのように収益獲得に直接的に貢献している費用項目を「**売上原価**」として集計し，他方，間接的に貢献している費用項目を「**販売費及び一般管理費**」として，それぞれ分類します。そしてその上で，以下のような計算をしていきます。

①　売上総利益を計算

　まず，企業のメインビジネスから生じる収益を「**売上高**」として集計します。そしてそのうえで，そこから収益獲得に直接貢献した費用項目である「**売上原価**」を差し引いて，いったん「**売上総利益**」という利益を計算します。

②　営業損益を計算

　次に，収益獲得に間接的に貢献した「**販売費及び一般管理費**」を集計します。そしてそのうえで，①で計算した「売上総利益」から，「販売費及び一般管理費」を差し引き，「**営業利益**」を計算します。

　つまり，以上の2ステップを図示すると以下のとおりになります。

```
┌─────────────────────────────────┐
│         ┌─────────────┐         │
│         │ 営業損益計算区分 │         │
│         └─────────────┘         │
│           売  上  高            │
│         －売  上  原  価         │
│         ─────────────           │
│           売 上 総 利 益  ←①    │
│         －販売費及び一般管理費      │
│         ─────────────           │
│           営 業 利 益   ←②      │
└─────────────────────────────────┘
```

　このように営業損益計算区分では，２つのステップにより，まず一方，メインビジネスにヨリ関係する「**売上総利益**」の計算と，他方，その「売上総利益」に間接的な費用項目を加味した「**営業利益**」の計算という，大きく２つの利益計算を行うことが，大きな特徴といえます。

CHECKPOINT

　営業損益計算区分では，企業のメインビジネスに関係する収益と費用とが集計されます。またそこでは，企業のメインビジネスへの関連性の強さにより，さらに「**売上総利益**」と「**営業利益**」という２ステップの損益計算がなされます。

　次に，**営業外損益計算区分**についてみてみましょう。これは文字どおり営業外の収益と費用を集めた区分となります。具体的には，たとえば，いわゆる'財テク'のために保有する金融商品などに関係する収益や費用，企業の資金調達コスト（借入金などの利息），ないし，お金を貸し付けた時の受取利息など，**財務収益**および**財務費用**がこの区分に集計されることになります。

　また，具体的な計算プロセスですが，この区分では，営業損益計算区分で計算した営業利益に，上記の財務収益および財務費用を加減算して，

「**経常利益**」を算定することとなります。ここまでの流れを図示すると以下のとおりになります。

```
┌─────────────────────────────┐
│  ┌───────────────────┐      │
│  │ 営 業 外 損 益 計 算 区 分 │      │
│  └───────────────────┘      │
│     営　業　利　益           │
│  ＋　営　業　外　収　益        │
│  －　営　業　外　費　用        │
│  ─────────────────────      │
│     経　常　利　益           │
└─────────────────────────────┘
```

　なお，ここで注意したいのは，経常利益は，営業外収益と営業外費用との単なる差額ではないということです。つまり，経常利益は，営業利益に営業外収益をプラスし，かつ，営業外費用をマイナスして算定される点がポイントとなります。

　そして，この経常利益は，「**ケイツネ**」とも呼ばれ，企業の業績指標として重要な役割を担っています。このことはまた後で詳しく説明しますが，上記の計算プロセスから分かるとおり，この**経常利益**は，企業の**メインビジネスから生じた損益**と，そのようなメインビジネスを可能とする企業の**財務活動から生じた損益**とを合わせたものとなっています。つまり，企業が資金調達を行い，その資金を運用しビジネスを回していくという一連のプロセスが，この経常利益に反映されることとなるのです。この意味で，経常利益は非常に重要な意味を持つのです。

CHECKPOINT

　営業外損益計算区分では，主に企業の財務活動に係る収益と費用とが集計されます。またこの区分においては，先の営業損益計算区分における「**営業利益**」に，集計された財務収益や財務費用が加減算されることで，「**経常利益**」（ケイツネ）が計算されることとなります。

　つぎに，**特別損益計算区分**についてみてみましょう。この区分には，企業の**臨時（非経常）的な項目**や**異常項目**などが集計されます。

　具体的には，たとえば，企業の工場が火災になり，建物や機械等が燃えてしまった場合の損失や，大きな経営改革に係るリストラ損失などが，この計算区分に集計されることになります。そしてこのような，臨時・異常事象に係る収益や費用は，それぞれ「**特別利益**」および「**特別損失**」と呼ばれます。

　この区分における計算プロセスですが，具体的には，営業外損益計算区分で算定した「経常利益」に，特別利得や特別損失が加減算されて，「**税引前当期純利益**」が算定されることとなります。これを図示すると以下のようになります。

```
　　　　特 別 損 益 計 算 区 分

　　　経　　常　　利　　益
　＋　特　　別　　利　　益
　－　特　　別　　損　　失
　　　　税 引 前 当 期 純 利 益
```

　ここで，企業は，法人（会社）の場合には，法人税等の税金を支払う義

務があります。後で詳しく説明するように，税金にはいろいろな種類の
ものがありますが，中でも特に企業にとって重要なのは**法人税**です。

　法人税は，上記で算定した「税引前当期純利益」に一定の割合を乗じ
て算定されますので(※)，この計算をしておく必要があります(※※)。具
体的には，税引前当期純利益から「法人税等」の金額を差し引き，「**税
引後当期純利益**」を算定します。「税引後当期純利益」は，損益計算書
では単に「**当期純利益**」と表示されます。図示すると以下のようになり
ます。

　　(※)　厳密なことを言うと，税引前当期純利益そのものではなく，これにいく
　　　　つかの調整を加えて「課税所得」というものを計算し，この課税所得に対
　　　　して一定割合を乗じて法人税を算定します。
　　(※※)　なお，このような税金計算を，「特別損益計算区分」の枠として捉えず，
　　　　別途「税金計算区分」を設けてその中のものとして捉える見解もあります。

　　(※※※)　実際には**税効果会計**の適用により，「**法人税等**」のほかに，「**法人税
　　　　等調整額**」と呼ばれる税効果会計の調整項目をさらに加減算する必要
　　　　があります。詳細は「わしづかみシリーズ　新会計基準を学ぶ1」を
　　　　参照して下さい。

　また，この**(税引後) 当期純利益**は，企業の経常的な損益だけでなく，
特別事象や税金計算なども織り込んだ，**全体的・包括的な業績指標**とし
ての意味を持つこととなります。

CHECKPOINT

　特別損益計算区分では，主に企業の臨時的（非経常的）事象もしくは異常事象に係る損益が集計されます。

　また，この区分においては，先の営業外損益計算区分における「**経常利益**」に，集計された**特別利得**や**特別損失**が加減算されることで，「**税引前当期純利益**」が計算されるとともに，さらにそこから税金計算がなされて，「**当期純利益**」が算定されます。

　以上をすべてまとめてみましょう。実際の損益計算書の全体像が見えてくるはずです。

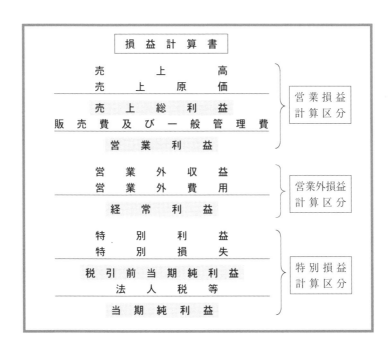

　上記の網掛け部分に示されるとおり，損益計算書には，その発生原因

199

別に，５つの利益が存在するということになります。つまり，メインの営業活動から生じる**売上総利益**と**営業利益**，また，営業利益に財務損益を加味した**経常利益**，そして経常利益に臨時・異常事象に係る特別損益項目を加味した**税引前当期純利益**，および，そこから法人税等を差し引き計算した**当期純利益**，という５つです。

　また先に，「**損益計算書における利益数値は，企業の業績評価に役立つ**」ということを述べましたが，上記のように利益を**発生原因別**に５つに分解することで，企業のさまざまな側面の**業績評価**が可能となるといえましょう。

CHECKPOINT

　損益計算書では，収益や費用の**発生原因別**に，３段階の損益計算がなされ，また，５段階の**利益**が表示されます。

　以下では，より詳細に，損益計算書の中身についてみていくことにしましょう。

 ## 売上高を計算する

　損益計算書の内訳項目のうち，まずここでは，**売上高**について検討してみたいと思います。

　売上高は，企業にとって一番大事なものといっても過言ではありません。なぜなら，企業がビジネスで成長し生き残っていくには，そもそも自社の製品やサービスを，顧客に認知してもらい，かつ，実際に買って

もらう必要があるからです。企業は，売上高を大きくしていくために，営業努力を重ね，また，商品やサービスの品質向上に努力するわけです。

　では，会計上は，この売上高を一体どのように計算すればよいでしょうか。このことを考えるに当たり，「一体どのように計算すればよいのでしょうか」という問題を，「**一体いつ（どのタイミングで）計上すればよいのか？**」と，「**一体いくらで計上すればよいのか？**」という2つの問題に分解してみましょう。

　まず第1の「**一体いつ（どのタイミングで）計上すればよいのか？**」という問題について考えてみましょう。ちなみに，会計上は，何らかの取引について仕訳を行い，帳簿に記録することを「**認識（recognition）**」と呼んでいます。つまり，この問題は，会計の専門用語を用いると，「いつ（どのタイミングで）**認識するか？**」という表現に置き換えることができます。

専門用語を覚えよう！

● 認　　識──何らかの取引について仕訳を行い，帳簿に記録することをいいます。

　ここでは，具体例として，たとえば，スーパーで，皆さんがジュースを購入するケースを考えてみましょう。まず，スーパーは，ジュースを取引先に発注し，そのことにより，ジュースはスーパーの倉庫に搬入されます。その後，ショーケースにジュースが陳列され，皆さんがショーケースから好みのジュースを取りだしレジに持っていき，代金を支払うことで，皆さんは晴れてジュースを飲むことができるわけです。

　では，スーパーは，上記の流れの中で，一体どのタイミングで売上高を計上すればよいのでしょうか。たとえば，以下の３つはどうでしょうか。

売上高を計上するタイミング－いつがいい？－

① 　商品を倉庫に仕入れた段階で売上高を計上（ここでは便宜的に「**倉庫基準**」と呼ぶことにします）

② 　ショーケースに陳列した段階で売上高を計上（便宜的に「**ショーケース陳列基準**」と呼ぶことにします）

③ 　商品を皆さんに買ってもらいお金をもらった段階で売上高を計上（便宜的に「**販売基準**」と呼ぶことにします）

　まず①「**倉庫基準**」について考えてみましょう。直感的に言って，商品を倉庫に仕入れた段階で売上高を計上することができるのであれば，すべての企業が，何の販売方針や販売戦略もなく「とにかく仕入だ！」という行動に出てしまいそうです。

　つまり，仕入れたら仕入れた分だけ企業の売上高は大きくなるというのであれば，売れそうな商品であろうが，売れそうにない商品であろうが，とにかく大量の商品を発注し，大量に在庫を抱えたもの勝ちということになってしまいます。

　しかしながら，そのような企業は，はたして「いい企業」といえるでしょうか。もちろん，大量に仕入れた商品が実際に売れればよいですが，商品が売れずに倉庫に山積み，という状態では，そのうち，商品の仕入代金を売上収入でまかなえなくなり（資金繰りに詰まってしまい），いい企業どころか，むしろ「危ない企業」（財務安全性に欠ける企業）に該当してしまいそうです。そしてそうであれば，①「倉庫基準」は，少し問題がありそうです。

　次に，②「ショーケース陳列基準」ですが，これも①と同じことが言えそうです。つまり，ショーケースに陳列した段階で売上高が計上されるのであれば，とにかく大量に仕入れて，とにかく店先に陳列したもの勝ち，ということになりますので，「どの商品が売れるか」，とか，「売れ筋商品は目立つところにおこう」とかいった販売戦略はお構いなしに，とにかくお店の中に所狭しとディスプレイするお店ばかりが増えてしまいそうです。

　もちろん，そういった山積みの商品が実際に売れればよいですが，売れずに店先に山積みのまま，ということであれば，やはり①と同様のことが言えそうです。そしてそうであれば，この②「ショーケース陳列基準」も，どこかしっくりこない気がします。

　最後に③「販売基準」ですが，結論的にはこれが一番望ましいということになります。この基準によれば，**商品が実際に売れた時に売上高を計上**するということになりますから，企業は商品を考えなしに仕入れたり，考えなしに陳列したり，ということでは，やっていけなくなってしまいます。

　逆にいえば，この「販売基準」によって売上高を計上すれば，販売戦略がうまくいって商品がたくさん売れれば売上高は高まるし，そうでなければ低くなるという関係性（売上高の大小が企業の販売戦略や販売努力に連動するという関係性）が成立しそうです。

　このように，「販売基準」をもとにした売上高には，企業の販売戦略や従業員の努力が反映されることになるため，売上高をみれば企業の販売戦略の巧拙を分析することができるというメリットが生じます。

　また，この基準のもとでは，商品が売れて実際にお金が入ったときに売上高が計上されるため，**資金的裏付け**のある売上高を計算することができます。なお，このように，商品を相手に実際に販売した時に計上する方法のことを，会計学の専門用語では**実現主義**と呼びます。

CHECKPOINT

　売上高は，商品を相手に実際に**販売**した時に計上（認識）するのが
大原則です。

・専門用語を覚えよう！
- **実現主義**──上記のような売上高の認識基準を**実現主義**とい
  　　　　　　います。

　次に，第2の「**一体いくらで計上すればよいのか？**」という問題につ
いて考えてみましょう。ちなみに，会計上は，ある勘定科目の計上金額
を決定することを「**測定（measurement）**」とか「**評価（evaluation）**」
と呼んでいます。つまり，この問題は，会計の専門用語を用いると，「一
体いくらで**測定（ないし，評価）**するか？」という表現に置き換えること
ができます。

・専門用語を覚えよう！
- **測定（評価）**──ある勘定科目の計上金額を決定することを**測
  　　　　　　定（評価）**といいます。

　ここでは引き続き，先のスーパーの例で考えてみましょう。スーパー
は，商品を皆さんに買ってもらいお金をもらった段階（**販売**した段階）で
売上高を計上することになります（また，そのような考え方を**実現主義**と呼
びました）が，一体いくらで売上高を計上すればよいのでしょうか。こ
れは単純に，**収入額**，つまり，商品の代金として皆さんから実際にもら
う金額で，売上高を計上することになります。なお，このような考え方

を**収入額基準**と呼びます。

CHECKPOINT

　売上高の金額は，相手から受け取る商品の代金である**収入額**によるのが大原則です。

　以上のように，売上高は，実際に販売した時に，販売代金（収入額）により計上されることになります。

　これを読んだ読者の皆さんの中には，「なんだ，そんなの当たり前じゃないか！」という方もいるかもしれません。販売したときに，販売した金額で売上高を計上する，ということは，特に上記のようにシンプルなケースにおいては，確かに「当たり前」と言えてしまうかもしれません。

　しかしながら，一口に「販売した時」といっても，実際のビジネスの場面では，いつをもって販売とするのか，そう簡単に判断できないこともありますし，また，「販売した金額」といっても，その判断が難しい場合もあります。

　たとえば，前者の例として，海外などの遠隔地にいる顧客に，船便で商品を発送するケースを考えてみましょう。先のケースでは，お店で商品を顧客にすぐ手渡しできたので，販売時点を特定化することは容易でしたが，このケースはそう簡単にはいきません。すなわち，商品が企業の倉庫を出てから，実際に顧客の手に届くまでにさまざまなプロセスと時間を経るわけですから，いつをもって販売とするのか，つまり，企業の倉庫を出発した時を販売とみなすのか，船積みされた時を販売とみなすのか，それとも相手が商品を受け取ったときを販売とみなすのか，判断の分かれるところです。また，その商品発送プロセスの間に，決算日

を迎えてしまったとしたら，この商品を当期の売上としてよいのでしょうか。それとも次期の売上とすべきなのでしょうか。

　また後者の例として，たとえば，ある商社のケースを考えてみましょう。ある商社が，特定の商品を欲するＡ社の要請で，Ａ社を，その商品を取り扱っているＢ社と引き合わせ，商品売買の仲介をしたとします。Ｂ社はＡ社に商品100億円を販売し，商社は，仲介手数料として，Ａ社から取引高の１％（１億円）を受け取ったとします。このとき，商社の売上高は，いくらになるでしょうか。受け取った手数料の１億円でしょうか。それとも，「商社がＢ社から商品100億円を仕入れて，それをＡ社に商品取引高100億円に手数料１億円を加えた101億円で販売した」と考えて，売上高は101億円となるのでしょうか。

　上記２つの例については，本書の取り扱うレベルを超えていますので，これ以上の言及は避けますが（皆さんへの「宿題」としますので，各自で考えてみてください），いずれにせよ，この「いつ？」または「いくらで？」売上高を計上するのかという問題は，理論的にも(※)，実務的にも，多くの興味深い問題を含んでいるということが理解できましょう。

（※）　実は，**売上高の認識および測定の問題**は，損益計算を行う上で非常に重要であることから，会計理論的にも重要視されてきました。特に，認識に係る**実現主義**の問題は，その要件や適用範囲を巡って，古くからさまざまな議論がされていますし，また現在も多くの議論がなされているところでもあります。

■ 売上原価を計算する

　次に，**売上原価**について考えてみます。まず最初に，先に述べた営業
損益計算区分のフォーマットを思い出してみましょう。

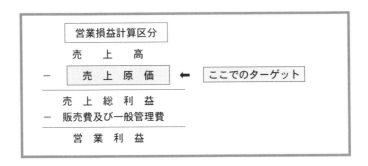

　先に説明したとおり，**売上原価**は，メインで行っているビジネスに係
る費用の中で，収益獲得に直接的に貢献している項目をいいます。具体
的には，**商品**[※]**の販売原価**などが挙げられます。

> （※）　なお，以下の議論では，もっぱら説明の便宜上から，商業（商品販売業）
> のみを取り扱うこととし，製造業（製品の製造と販売）は対象としないも
> のとします。ただし，そのエッセンスは同じ（製造業では製造原価算定の
> プロセスが加わるだけ）です。

　では，この**売上原価**を一体どのように計算すればよいでしょうか。こ
こでは，売上高の場合と同様に，「一体どのように計算すればよいので
しょうか」という問題を，「**一体いつ（どのタイミングで）計上すればよい
のか？**」と，「**一体いくらで計上すればよいのか？**」という2つの問題
に分解してみましょう。

◆　必須知識編

　まず第 1 に，「**一体いつ**（どのタイミングで）**計上すればよいのか？**」という問題について考えてみましょう（先に学んだ「**認識**（recognition）」という専門用語を用いて表現すると，この問題は売上高の時と同様に，売上原価を「いつ（どのタイミングで）**認識するか？**」という表現に置き換えることができます）。

　この点について，結論的にいえば，売上原価は，今期に計上した売上高に**対応**させるかたちで認識するということになります。すなわち，「売上高」項目で計上した商品やサービスに関係する原価部分を，**同じ年度に計上**するということになります。

　それではなぜ，そのような「**対応**」を考える必要があるのでしょうか。ここでは逆のケースを考えてみると，分かりやすいかもしれません。
　たとえばもし仮に，売上高と同じ年度にそれに関する売上原価が計上されていないとすると（つまり，別の期に計上され，売上高と売上原価とが対応していないとすると），「**収益−費用＝利益**」を計算する損益計算書では，ある期には収益（売上高）だけ，またある期には費用（売上原価）だけが計上されてしまうということになってしまいます。
　そしてそうであれば，業績評価指標（ビジネスの出来・不出来のモノサシ）としての利益の中身が，ある期には収益だけ，ある期には費用だけ，ということになってしまいますので，利益の意味が失われてしまうことになります。つまり，利益数値を見ても，**企業の努力（原価）に対してどれだけの成果（売上）を獲得することができたのか**という業績評価ができなくなってしまうのです。

　このように考えると，売上高に**対応**させて**売上原価**を計上することの重要性が見えてきます。つまり，利益に業績指標としての意味を持たせるために（ヨリ具体的には，**努力に見合った成果が獲得できているか**という計

208

算を損益計算書で行うために），そのような「**対応**」という概念が重要になるのです（逆にいえば，売上高と売上原価を対応させることが，利益を業績評価指標ならしめているということもできます）。

なお，このように「売上高に対応させて売上原価を認識する」という売上原価の計上原則(認識原則)のことを，会計の専門用語では，**収益原価対応原則**とか，**収益費用対応原則**とか，もしくは単に**対応原則**(matching principle) と呼んでいます（以下，本章では，単に対応原則と呼びます）。

CHECKPOINT

　売上原価は，それに関係する売上高が計上された年度に**対応**させるように計上します。これは，**努力に見合った成果が獲得できているか**という計算を損益計算書で行うためです。

専門用語を覚えよう！

● 対応原則──上記のような売上原価の計上ルールのことを，
　　　　　　対応原則（matching principle）と呼びます。

また，**売上原価**は，このような**対応計算**（販売された商品に係るコスト（努力）を，売上高（成果）に対応させる方法）により計上されることから，期首商品在庫，当期商品仕入高，および期末商品在庫の３つを用いて，以下のように表現することもできます。

売上原価＝期首商品在庫＋当期商品仕入高－期末商品在庫

　なお，この式の関係を図で示すと，以下のようになります。

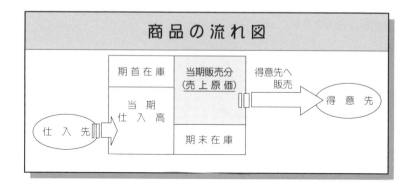

CHECKPOINT

　売上原価は，以下のように表現できます。

売上原価＝期首商品在庫＋当期商品仕入高－期末商品在庫

　次に，第2の「一体いくらで計上すればよいのか？」という問題（「一体いくらで測定するか？」という問題）を考えてみましょう。

　ここでは**売上原価**が，売上高とは表裏一体の関係にあること（つまり，売上高が‘表’なら，売上原価はその‘裏’になること）に注目しましょう。ここで，売上高は**収入額**，つまり，商品の購入者から商品の代金として実際にもらう金額で計上されました（**収入額基準**）。そうであれば，その‘裏側’である（それに対応する）売上原価は，収入の‘逆’，つまり売上獲得に直接的に要した**支出額**で計上する必要があります。また，このように，売上原価を支出額で計上することを，専門用語では，**支出額基準**と呼んでいます。

CHECKPOINT

売上原価は，売上獲得に直接的に要した**支出額**で計上されます。

> **専門用語を覚えよう！**
> ● 支出額基準──上記のような**売上原価の測定ルール**のことを，
> **支出額基準**と呼びます。

　なお，実際の企業は，商品の在庫管理や販売管理を適切に行う必要が
ありますから，いつ，何の商品を，いくらで，何個仕入れ，また，いつ，
何の商品を（また原価いくらの商品を），何個販売したか，という情報を，
商品有高帳と呼ばれる補助簿を用いて管理することがあります。

商 品 有 高 帳

月	日	摘　要	受　入			払　出			残　高		
			数量	単価	金 額	数量	単価	金 額	数量	単価	金 額
4	1	前　月　繰　越	10	10	100				10	10	100
	10	仕　　　入	10	10	100				20	10	200
	25	仕　　　入				15	10	150	5	10	50
	30					5	10	50			
			20		200	20		200			
5	1	繰　　　越 前月繰越	5	10	50				5	10	50

　以上のように，**売上原価**は，それに関連する売上原価に**対応**させるか
たちで，**支出額**により計上されることになりますが，そうは言っても，
実際上は，そう簡単にいかない場合もあります。以下では，その応用問
題を考えてみましょう。

　具体的には，商品の仕入単価が変動する際に，売上原価をどのように計算するのか，という問題があります。もちろん，商品の仕入単価が常に一定である場合は特に問題が生じることはないのですが，現実世界を考えてみると，商品の仕入単価は一定ではなく，随時変動しているのが一般的と言えます。そしてこのとき，売上原価を計算する際に基礎となる払出単価として，**一体いつの仕入単価を用いるか**が大きな問題となります。たとえば，ある企業が，4月1日に商品を1個当たり10円で10個仕入れた後，5月10日にまったく同じ商品を1個当たり20円で10個仕入れた場合を考えてみましょう（つまり，仕入単価が上昇していたものとします）。そして，次の販売時には（たとえば5月31日とします）同じ商品が，合計20個のうち15個だけ販売されたとしましょう。この場合，商品15個の売上原価（＝単価×数量）を，どのように計算したらよいでしょうか。つまり，売れた15個の内訳としては，最初に仕入れた1個当たり10円の商品が10個と，2回目に仕入れた1個当たり20円の商品が5個ということになるのか，それとも逆に，1個あたり10円の商品が5個と，1個当たり20円の商品が10個となるのでしょうか。それとも，別の配分割合によって（たとえば，8個＋7個で）15個が構成されることになるのでしょうか。

　もっとも，これに対処するために，「いつ仕入れた商品が売れたのか，きちんと1個1個紐づけておけばよいではないか？」という声もあるかもしれません。確かに，実際に販売された商品の単価を個別に追跡して払出単価を決定することができれば（たとえば，先の例でいえば，5月31日に販売された商品15個の1つ1つについて，それぞれ個別に「いつ購入したものか」を追跡調査することができれば），その払出単価は，実際の物の動きに即して決定すればよいということになります。確かに，このような方法は，商品数が少ないものについては実行可能ですし，また，仕入単価が非常に高額な商品については望ましいと言えますが，しかしながら，商

品数が多い場合は，追跡調査が困難かつ煩雑（場合によっては不可能）に
なるかもしれませんし，また仕入単価が少額な場合は，その煩雑さに見
合うだけの管理上のベネフィットが得られるか疑問符が付きます。

　このように1個1個の紐付けが困難な場合（もしくは，コスト・ベネ
フィットの観点から有効でない場合），売上原価，特に払出単価を，どのよ
うに計算したらよいのでしょうか。

　ここで，会計では，「ある一定の仮定」をおいて，払出単価を決定す
るのが一般的です。たとえば，「先に購入したものから徐々に払い出さ
れていく」（**先入先出法**），「後に購入したものから徐々に払い出されてい
く」（**後入先出法**），もしくは，「商品の払出直前の加重平均単価が払出単
価を表す」（**移動平均法**），といったさまざまな仮定をおいて，払出単価を
決定するのです。

　各計算方法についての詳細な紹介は，本書のレベルを超えているので
省きますが，ここに会計の「面白さ」と「危うさ」があるような気がし
ます。

　すなわち，このような仮定をなぜおいてよいのか，また，このような
仮定をおいて計算したら結果はどうなるのか，というロジックを積み上
げていくのが会計学の役割ですので，その意味では，会計学には利益計
算を可能ならしめるためのいろいろな工夫やアイディアが盛りだくさん
といえます（「面白さ」）。しかしながら他方，利益計算のプロセスにおい
て，このような仮定が盛り込まれているということは，このような仮定
が現実とあまりに乖離している場合や，もしくは，このような仮定が誰
かに悪用されてしまった場合は，会計数値は現実の企業の実態を表すこ
とができない脆いものとなってしまいます（「危うさ」）。たとえば，払出
単価の決定には，上記のようにいくつかの仮定がありますが，これらの

仮定のうち何を自社の利益計算に適用するかの決定は，企業の経営者に委ねられています。ですから，その経営者が，悪意を持って自らの企業の利益操作に用いてしまうという危険性も十分にありうるのです。

　もちろん，そのような「危うさ」を防止するにはどうすればよいか，ということについてもロジックで考えていくのが会計学（監査論も含まれるかもしれません）の役割のひとつになるわけですが，ともあれ，会計学には「面白さ」と「危うさ」という 2 つの側面が内包されているのだ，ということを味わうことができたら，会計学を本当にマスターしたということになるのかもしれません。

CHECKPOINT

　売上原価の算定に当たっては，払出単価をどのように計算するかということが大きな問題となります。会計上は，「先に購入したものから順に払い出されていく」とか，「後に購入したものから順に払い出されていく」とかいったさまざまな仮定をおいて払出単価を計算します。

専門用語を覚えよう！

　「先に購入したものから順に払い出されていく」と仮定して払出単価を計算する方法を**先入先出法**といいます。また，「後に購入したものから順に払い出されていく」と仮定して払出単価を計算する方法を**後入先出法**と呼び，「商品の払出直前の加重平均単価が払出単価を表す」と仮定して払い出し単価を計算する方法を**移動平均法**と呼びます。

■ 売上総利益（粗利益）を計算する

　つぎに，**売上総利益（粗利益）**について考えてみます。まず最初に，先に述べた営業損益計算区分のフォーマットを思い出してみましょう。

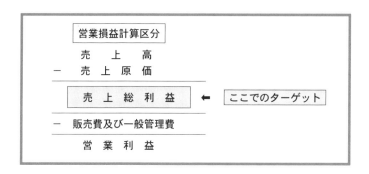

　売上総利益は，売上高から売上原価を差し引いた金額として算定されます。たとえば，100円で仕入れたジュースを150円で販売した場合を想定してみましょう。この場合の売上高はジュースの販売額150円，売上原価はジュースの仕入れ額で100円となりますので，売上総利益は以下のように算定されます。

　　売上高150円 － 売上原価100円 ＝ 売上総利益50円

　つまり，売上総利益は，**収益の最も中心**といえる売上高と，その売上高獲得に**直接貢献**した売上原価との差額により算定されることから，企業のビジネスの**最も直接的かつコアとなる利益**といえます。この意味では，損益計算書における５つの利益のうち，**ビジネスにおける儲けを最**

も直接的に表現した金額であるといえます。

　また，これは逆にいえば，さまざまな諸要因を排除して（つまり他のコストを加味せずに），本当にビジネスの根幹部分だけからなる儲けはいくらなのかということを，ざっくりと計算したものとも言えます。だからこそ，この売上総利益は，（そのざっくり感を込めて）**粗利益**ないし粗利とも呼ばれることもあります。

CHECKPOINT

　売上総利益（粗利益）は以下のように算定されます。

売上総利益＝売上高－売上原価

　売上総利益は，５つの利益のうち，ビジネスにおける**儲け**を**最も直接的に表現した金額**といえますし，また逆に他の諸要因を排除した（他のコストを加味する前の）**ざっくり**とした儲けということもできます（それゆえ，**粗利益**とも呼ばれています）。

　なお，この売上総利益（ないしそこに至る計算プロセス）は，商品の**原価率**（売上高１円に対してどれだけの売上原価がかかったか）や**粗利益率**（売上高１円に対してどれだけの利益を直接計上したか）を算定するのに用いられることがあります。たとえば，先の150円のジュースの例でいえば，このジュースの原価率は66.6％（＝原価100円÷売価150円）となりますし，また粗利益率は33.3％（＝売上総利益50円÷売価150円）となるのです。なお，この原価率や利益率は，商品の仕入管理や生産管理，および販売価格管理（ないし販売価格戦略策定）を行うに当たり重要となります。

📱 販管費ってどういう費用か

　次に，販管費について考えてみます。販管費とは，**販売費及び一般管理費**の略称であり，企業の販売活動および一般管理活動のために生じたコストです。ここでもまず最初に，先に述べた営業損益計算区分のフォーマットを思い出してみましょう。

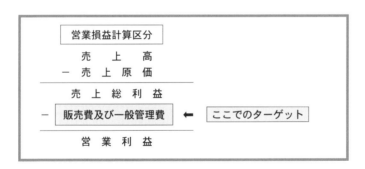

　販売費及び一般管理費は，営業損益計算区分の枠内において売上総利益の後，かつ営業利益の前に位置しており，売上総利益から差し引かれることで営業利益の算定に役立つことになります。

　なお，販売費及び一般管理費の具体例としては，**販売手数料，広告宣伝費，交通費，貸倒引当金繰入**，販売・一般管理活動に従事する**従業員の給料，福利厚生費，不動産賃借料，修繕費**，および**減価償却費**などが挙げられます。

　ここでは１つ１つの細かい中身は置いておくとして（なお，各項目のうち，貸倒引当金繰入や減価償却費など貸借対照表項目と密接に結びつくものについては，「CHAPTER１　貸借対照表（Ｂ／Ｓ）を眺めてみよう」を参照してください），そもそも販売費及び一般管理費とは何か，先の売上原価と対比して整理したいと思います。売上原価は，売上高獲得に**直接**的に貢献するコストでした。それに対して，販売費及び一般管理費は，企業の販売活動および一般管理活動のために生じたコストですから，同じく売上高獲得に貢献するとしても，**間接**的に貢献するコストであるということができます。

　次に，これまでと同様に，販売費及び一般管理費の「いつ？」と「いくらで？」を考えてみましょう。

　まず「いつ計上するのか？」という問題ですが，結論的にはこれは**対応原則**を適用して計上します。つまり，販売費及び一般管理費は，売上原価と同様に，売上高に対応するように**同じ期に計上**します。そしてこのことにより，努力と成果が同一期間内で対応し，利益が企業の業績評価指標として機能しうることになるのです。もっとも，厳密にいえば，販売費及び一般管理費に対応原則を適用するといえども，その適用は売上原価の場合と若干ニュアンスが異なるかもしれません。

　すなわち，販売費及び一般管理費は，売上原価とは異なり，売上獲得に**間接的**に貢献したコスト項目ですから，その中には，売上高との対応関係が見出しにくいものもあるかもしれません。たとえば，本社ビルの修繕費は，確かにどこかで収益獲得に貢献しているとは言えるでしょうが，しかしながら，ある日のある特定の商品の販売に直結した努力といえるかというと，そういう関係性を見出すのは少し難しいかもしれません。よって，対応原則の適用といえども，売上高との直接的な対応ではなく，あくまで**期間的・時間的な対応**にとどまることになるのです。

　つまり，今期に行ったビル修繕の費用は，今期計上された売上に，同一期間内の事象という意味で対応しているだろうと仮定すること，もっとくだけたかたちでいえば，対応関係を厳密に捉えず（本当に関係性があるかどうか厳密に検証しない），'ゆるく'捉える（同じ期の事象であるなら，両者は関係しているものとみなす）のが，ここでいう（販売費及び一般管理費に適用される）対応原則の意味になります。なお，会計学の専門用語では，このように，期間的・時間的な対応関係を考えることを，（個別的な対応関係を捉える**プロダクト的対応**に対して）**ピリオド的対応**と呼ぶことがあります。つまり，対応原則には，大きくは２つのタイプがあるという点が重要になります。

CHECKPOINT

　販売費及び一般管理費は，**対応原則**により計上します。ただし，対応の意味を'ゆるく'とらえます。

∵専門用語を覚えよう！

● **対応原則**──何を重視して対応関係を考えるかについて，次のように大きく２つのタイプがあります。

① **プロダクト的対応**：個別的な対応関係を図る
　　　　　　⇒ 売上原価 に適用

② **ピリオド的対応**：期間的な対応関係を図る
　　　　　　⇒ 販売費及び一般管理費 に適用

　また，「いくらで計上するか？」という問題ですが，これは先の売上原価と同様に，支出額で計上することになります（**支出額基準**）。

CHECKPOINT

販売費及び一般管理費は，**支出額**により計上します。

▓ 本業の儲け（営業利益）を計算する

　次に，**営業利益**について考えてみます。ここでもまず最初に，先に述べた営業損益計算区分のフォーマットを思い出してみましょう。

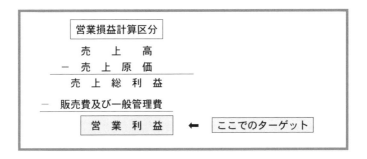

　営業利益は，売上総利益から販売費及び一般管理費を差し引いた金額として算定され，損益計算書における営業損益計算区分の最終金額となります。ここで，先にみたように売上総利益は，売上高というビジネスの最もメインの収益（成果）から，その売上獲得に直接的に貢献した費用（努力）である売上原価を差し引いたビジネスの最もコアな利益といえます。そして営業利益は，そこから売上獲得に間接的に貢献した費用（努力）である販売費及び一般管理費を差し引いたものですから，企業が営む本業における業績を示す指標になるといえます。

CHECKPOINT

営業利益は，企業が営む**本業における業績**を示す指標としての利益です。

営業外の収益・費用とは何か（財テクの損益）

次に，**営業外収益**及び**営業外費用**について考えてみましょう。そこで，まず初めに，先にみた**営業外損益計算区分**を思い出してみてみましょう。

	営業外損益計算区分	
	営業利益	
＋	営業外収益	← ここでのターゲット
－	営業外費用	
	経常利益	

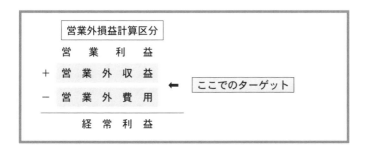

営業外損益計算区分は，文字通り営業外の収益と費用を集めた区分でした。では，ここでの営業外とは一体何でしょうか。

それを考えるに当たって，そもそもここでの「営業」という意味は何だったのか思い出してみましょう。これは，先に営業利益のところでみたように，本業のビジネスのことを指します。つまり，小売店であれば，商品を仕入れ販売することが本業のビジネスとなりますし，また，サービス業であれば，サービスを提供することが本業のビジネスとなります。

　それを踏まえたうえで，営業外ということの意味に戻りましょう。結論的にいえば，営業外（の収益と費用）とは，①**本業のビジネスを支えるための資金調達に関するコスト**（営業外費用）や，②**本業のビジネスとは別に保有する（保有していた）金融商品などに関係する損益**（営業外収益，営業外費用）など，企業の金融活動（に係る収益や費用）がこれに該当します。

　まず①についてですが，本業のビジネスを円滑に行うためには，そもそも元手が必要です。そしてそのために，企業は資金調達活動を行いますが，たとえば，銀行からの借入により資金を調達したとすると，それには約定利息がつくのが一般的です。そしてこのような**支払利息**は，この営業外費用となります。つまりここでの営業外とは，**本業のビジネスそのものではないが，それを財務面から支える**という意味での，「営業」の外（の活動）となります。

　また②についてですが，実際の企業は，本業のビジネスのほかに，金融投資を行うことがあります。たとえば，株式や債券を買ったり売ったりするなど，いわゆる「財テク」を行い，儲けを得ることがあります（**有価証券運用益，受取配当金，有価証券利息**など）。もちろん，個人投資家と同様に投資に失敗して損をすることもあります（**有価証券運用損**など）。また，他企業等に資金を貸し付け，その利息を受け取ることもあるかもしれません（**受取利息**）。このような金融投資に関する収益や費用は，営業外収益および営業外費用として取り扱われます。

　つまりここでの営業外とは，**本業のビジネスとは別の金融投資に関係する**という意味での，「営業」の外（の活動）となります。

CHECKPOINT

　営業外収益・営業外費用は，「営業外」の意味により大きく2つの
タイプに分けることができます。
　①　本業のビジネスそのものではないが，それを財務面から支え
　　るという意味での営業外収益・費用
　　　（資金調達に係るコスト）　⇒⇒⇒　支払利息など
　②　本業のビジネスとは別の金融投資に関係するという意味での
　　営業外収益・費用（金融投資に係る損益）
　　　⇒⇒⇒　有価証券運用損益，受取配当，受取利息など

今年の儲け（経常利益）を計算する

　次に，**経常利益**について考えてみましょう。そこで，まず初めに，先
にみた**営業外損益計算区分**を思い出してみましょう。

　経常利益は，営業損益計算区分の計算結果たる営業利益を受けて，そ
れに営業外収益をプラスし，かつ，営業外費用をマイナスすることで算
定されます。そして，この経常利益は，「**ケイツネ**」とも呼ばれ，企業
の業績指標として重要な役割を担っています。上記の計算プロセスから
分かるとおり，この経常利益は，企業のメイン・ビジネスから生じた損

益と，そのようなメイン・ビジネスを可能とする企業の財務・投資活動から生じた損益とを合わせたものとなっています。つまり，企業が資金調達を行い，その資金を運用しビジネスを回していくという一連のプロセスが，この経常利益に反映されることとなるのです。

　また，経常利益の計算のもととなる「営業損益計算区分」と「営業外損益計算区分」における収益や費用は，基本的には企業の正常な経済活動から，反復・継続的に生じるものです。よって，これらの項目から算定された経常利益は，正常かつ経常的な側面を持っているといえますから，企業の当期業績（つまりビジネスの出来・不出来）を測る指標として，もしくは将来の企業業績を予測する指標として，非常に安定的で信頼できる尺度となりえます。つまり，逆にいえば，経常利益は，臨時的・偶発的な要素を含んでいませんから，そのような特別的な環境要因にあまり左右されない企業の姿を映し出すことが可能となるのです。この意味で，経常利益は非常に重要な意味を持つといえましょう。

CHECKPOINT

　経常利益は，企業が資金調達を行い，その資金を運用しビジネスを回していくという一連のプロセスが反映されたものであり，臨時的・偶発的な要素を排した**正常かつ経常的な業績尺度**といえます。

　また，上記のように経常利益が，企業の一連のビジネス・プロセスを表現した正常かつ経常的な業績尺度であるということから，損益計算書の５つの利益の中で，この経常利益こそが最も重要であると捉える考え方があります。
　つまり，もし損益計算書の役割が，企業の正常な収益力を判断できるような業績指標を提供することにあるとするならば，損益計算書の利益

の中でも，特に経常利益こそがそのような**正常な収益力**を最も忠実に表現しうるということになります。そして，このような考え方のことを，会計学の専門用語では，**当期業績主義**と呼びます。

専門用語を覚えよう！

- **当期業績主義**──損益計算書は，企業の正常な収益力を判断できるような業績指標を提供すべきであるという考え方です。また，この立場からすると，**経常利益**こそが最も重要な利益概念となります。

特別利益と特別損失とは何か

　次に，**特別利益**と**特別損失**について考えてみましょう。ここでもまず最初に，特別利益と特別損失を計上する「特別損益計算区分」について思い出してみましょう。

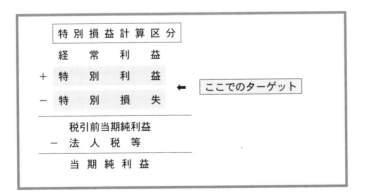

　ここではそもそも「**特別**」とは一体何か，ということについて考えて

みましょう。端的にいうと，(先の経常利益までの計算過程でいう) **正常的・経常的**ではないということですが，これには大きく2つの意味があります。

　まず第1には，企業にとって，**臨時(非経常)的・偶発的**な項目や**異常**項目であるという意味があります。具体的には，たとえば，工場が火災になり，建物や機械等が燃えてしまった場合の損失や，大きな経営改革に係るリストラ損失，ないし普段は売却することが予定されていないような設備資産の売却損益などがこれに該当します。そしてこのような，臨時・異常事象に係る収益や費用は，経常的・正常的に生じる収益や費用ではないことから，それぞれ「**特別利益**」および「**特別損失**」と呼ばれて，「特別損益計算区分」に計上されます。

　また第2には，**前期損益の修正**であるという意味があります。具体的には，過年度において減価償却費の過不足があったり，引当金の繰入過不足があったりした場合などが挙げられます。このような過不足から生じる今期の修正収益や修正費用は，経常的・正常的に生じる収益や費用ではないことから，それぞれ「**特別利益**」および「**特別損失**」と呼ばれて，「特別損益計算区分」に計上されます。

CHECKPOINT

　特別利益や**特別費用**は，正常的・経常的ではない収益・費用項目をいいますが，具体的にはそれぞれ大きく2つのタイプからなります。

　　① **臨時的・偶発的・異常**項目
　　　　(災害やリストラによる損失，設備資産の売却損益等)
　　② **前期損益修正**項目
　　　　(減価償却や引当金繰入の過不足に係る損益等)

誰でも聞いたことがある「当期純利益」はどうやって計算するのか

　次に，**当期純利益**について考えてみましょう。ここでもまず最初に，当期純利益を計上する「特別損益計算区分」について思い出してみましょう。

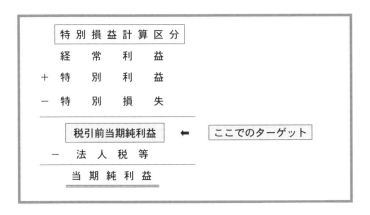

　「**税引前当期純利益**」は，営業外損益計算区分の計算結果たる経常利益を受けて，それに特別利益を加算し，特別損失を減算することで算定します。

　つまり，この計算プロセスから分かることは，この税引前当期純利益は，企業の正常的・経常的な要素に臨時的・偶発的な要素も加味した，**全体的・包括的な利益**になっているということです。すなわち，①税引前当期純利益の計算のもととなる経常利益が，企業の一連のビジネス・プロセスを表現した正常かつ経常的な業績尺度であること，かつ，②その経常利益に，臨時的・偶発的・異常項目や前期損益修正項目たる特別

227

損益を加減算して算定されたものが税引前当期純利益であるということ，
の２点を考えると，税引前当期純利益が，両者（正常的・経常的と臨時・
偶発的）の要素を総括した業績尺度であることが理解できましょう。

CHECKPOINT

　税引前当期純利益は，企業の正常的・経常的な要素に臨時的・偶
発的な要素も加味した，**全体的・包括的な業績尺度**です。

　また，上記のように税引前当期純利益が，企業の正常かつ経常的な要
素だけでなく，臨時・偶発的な要素までも含んだ業績尺度であるという
ことから，損益計算書の５つの利益の中で，この税引前当期純利益こそ
が最も重要であると捉える考え方があります。

　つまり，もし損益計算書の役割が，企業の正常的な要素のみならず，
臨時的・偶発的な要素までも含んだ全体的・包括的な収益力を判断でき
るような業績指標を提供することにあるとするならば，損益計算書の利
益の中でも，特に税引前(※)当期純利益こそがこのような全体的・包括的
な収益力を最も忠実に表現しうるということになります。そして，この
ような考え方のことを，会計学の専門用語では，**包括主義**と呼びます。

：専門用語を覚えよう！

● **包括主義**——損益計算書は，企業の正常的な要素のみならず
　　　　　臨時的・偶発的な要素までも含んだ全体的・包
　　　　　括的な収益力を判断できるような業績指標を提
　　　　　供すべきであるという考え方です。また，この
　　　　　立場からすると，**税引前当期純利益**こそが最も
　　　　　重要な利益概念となります。

（※）　なお，税引前当期純利益ではなく，法人税等を差し引いた後の「当期純利益」こそが重要な利益概念とする考え方もあります。この違いは，法人税等の会計上の位置づけの違いによります（まず，法人税等を費用項目と同等に捉える立場に立てば，他の費用だけでなく法人税等をも織り込んだ当期純利益こそが，全体的・包括的な収益力指標となります。また，法人税等を費用項目とは別個に捉える立場に立てば，法人税等を差し引く前の税引前当期純利益こそが全体的・包括的な収益力指標ということになります）が，これは，本書のレベルを超えていますので，これ以上は論じないことにします。

■ 「税引前当期純利益」と「当期純利益」

　次に，２つの**当期純利益**について考えてみましょう。実は，当期純利益には２つあります。そのことを確認するために「特別損益計算区分」の全体を思い出してみましょう。

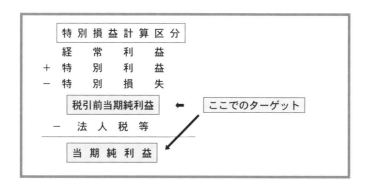

　まず第１は，法人税等を差し引く前の**税引前当期純利益**です。第２は，法人税等を差し引いた後の**当期純利益**です（なお，厳密には，税引後当期純利益は，損益計算書上，単に「**当期純利益**」と表記されます）。

　では，ここで法人税等とは一体何でしょうか。法人税等とは，**当期に**

課税された国税である法人税，地方税である住民税（都道府県民税および市町村民税），および事業税のうち所得を課税標準とする部分を総称したものをいいます。つまり，税金のうち利益（厳密には課税所得）に連動して税額が決定されるものが，法人税等となります。

CHECKPOINT

　法人税等とは当期に課税された国税である法人税，地方税である住民税（都道府県民税および市町村民税），および事業税のうち所得を課税標準とする部分を総称したものをいいます。
　（税引後）当期純利益は，税引前当期純利益からこの法人税等を差し引いて算定されます。

　また，税引前当期純利益と（税引後）当期純利益との間には，法人税等のほか，実は，税効果会計と呼ばれるものによる法人税等調整額という項目も入ってきます。これは，企業会計上の利益と，税務会計上の課税所得との相違を調整する項目です。

　つまり，実は，企業会計と税務会計では，その目的が大きく異なるため，企業会計の利益がそのまま税金計算の標準となる所得とはならないのですが，この差異を調整するのが，ここでの税効果会計（法人税等調整額）なのです。

　なお，税効果会計については本書のレベルを超えているため，これ以上踏み込んだ説明はしませんが（このため，上図からもあえて外してありますが），いずれにせよ，税金関係の項目（税金そのもの，および税金の調整項目）が，税引前当期純利益と税引後当期純利益との間に入ってくるという点には，くれぐれも留意しておいてください。

CHECKPOINT

　法人税等調整額とは**税効果会計**により**企業会計上の利益と税務会計上の課税標準との相違を調整する項目**です。

　損益計算書においては，法人税等と同様に，税引前当期純利益に加減算されます。

 ## 費用に計上される税金と利益から差し引かれる税金

　先ほど税金の話が出てきましたので，ここでは企業会計における税金の捉え方についてもう少し考えてみましょう。

　一口に税金といっても，企業を取り巻く税金としては，実にさまざまなものがあります。なじみの深い法人税，住民税，事業税や消費税のほか，固定資産税，印紙税，事業所税等々，企業は実に多くの税金を支払う義務を有しているのですが，さしあたり後に述べる消費税を除いておくと（厳密にいえば，間接税タイプではなく直接税タイプのものだけに焦点を絞ると），これらの企業会計上の取り扱いとしては，大きく2つのタイプに分けることができます。

　第1のタイプは，企業会計における**費用として取り扱われる税金**であり，具体的には，たとえば事業税（ただし，所得を課税標準とするもの以外の部分）や，固定資産税，自動車税，印紙税，および事業所税などがこれに該当します。

　また第2のタイプは，企業会計における**利益**（税引前当期純利益）**から差し引かれる項目とされる税金**であり，具体的には，先に挙げた法人税

等，つまり，当期に課税された法人税，住民税，および事業税（ただし所得を課税標準とする部分）がこれに該当します。

　このように，同じ税金といえども，企業会計上の取り扱いがそれぞれ異なっているのですが，それはなぜでしょうか。

　端的にいえば，**経費性を有するか否か**ということになるのですが，たとえば，前者の例として，**事業税**を考えてみます。事業税は，都市計画財源の確保のために設けられる地方税ですが，これは（所得を課税標準とする部分を除き^(※)），事業を営むことそれ自体に対して課税されるものです。そのほかにも固定資産に課せられる固定資産税や事業所の規模に応じてかかる事業所税など，税金といえども**ビジネスをするうえで必要不可欠なコストと考えることができるもの**は，企業会計上は費用として取り扱われることになります。具体的には，「**租税公課**」という勘定項目で処理されます。

> （※）　**法人事業税**は，平成15年の税制改正以降に制度化された**外形標準課税**（資本金1億円超の法人に課せられるもの）部分も含めると，所得を課税の基準にする部分と，そうでない部分（具体的にはたとえば，資本金等や，人件費，事務所の賃借料など会社規模と関係するものなどが挙げられます）とがあります。

　これに対して他方，後者の例として先に述べた**法人税等**を考えてみますと，これは，企業が稼いだ税引前当期純利益（厳密には**課税所得**）に対して一定割合で課税されます。つまり，これは利益の金額に応じて金額が変動しますし，また逆にいえば，赤字の場合は税金を払わなくてもよいということになります。このように考えると，法人税等は経費性を有するものとは区別して，利益から差し引くかたちで取り扱った方がよさそうです。

　以上のように，企業を取り巻くさまざまな税金は，基本的には損益計算書の費用として計上されるものと，最後に利益から差し引かれるものとに2分できるということを，ここでは押さえておきましょう。

CHECKPOINT

　企業を取り巻く税金はいろいろありますが，(消費税を除くと) 損益計算書上は以下の2つに分類できます。
① **費用 (「租税公課」勘定) として計上されるもの**
　　　⇒経費性を有する税金 (事業遂行上必要なコスト)
　　　Ex.事業税 (所得を課税標準とする部分以外)
　　　　固定資産税 etc.
② **最後に利益から差し引かれるもの**
　　　⇒経費性を有しない (利益 (所得) に一定割合を乗じて算定され，赤字の場合は払わなくてもよい) 税金
　　　Ex.法人税等

 ## 消費税は何に課される税金か

　先の税金の話は，間接税としての消費税を除外したうえでの (つまり法人に課せられる直接税に関する) 分類でした。そこで次に，**消費税**について考えてみましょう。そもそも消費税とは何でしょうか。何に課される税金なのでしょうか。

　端的にいえば，消費税とは，文字どおり**財やサービスの消費 (購入)に課せられる税金**です。たとえば，企業が商品を仕入れたとすると，その商品の値段に一定割合を乗じた税金を払う必要があります (厳密には，仕入先にその税金分を預かってもらい，仕入先にその税金を納税してもらうこと

になります)。これが消費税です。また，消費税は企業だけでなく個人に
も課せられますから，逆に，企業は，顧客に商品を販売する場合（つま
り，顧客が企業の商品を購入（消費）する場合），消費税分を上乗せした金額で
販売する必要がありますし，またその分の消費税を預かる（その後，期末
に，国や地方公共団体に対して消費者に代わって支払いをする）必要があります。
この関係を図示すると以下のようになります。

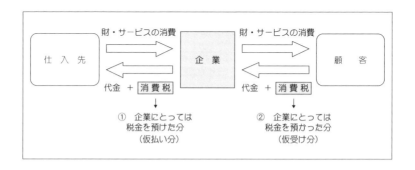

　図表からも分かるとおり，企業にとっては，**①仕入れ先に預けた分
（仮払い分）の消費税と，②顧客から預かった分（仮受け分）の消費税と
があります。** そして最終的には，期末にこれらを相殺して，差額部分を
国や地方公共団体に支払う（もしくは還付してもらう）ことになります。

　具体例を挙げてみましょう。いまある企業が仕入先から商品を100
（仕入代価）で仕入れ，顧客に200（販売代価）で販売したとします。いま
消費税率を10%とすると，まず仕入に係る消費税は，10(＝100×10%）と
なります。つまり企業は，仕入先に対して，仕入代価の100だけでなく
消費税10も含めた110の支払いをすることになります。そしてこの10部
分が①仕入れ先に預けた分（仮払い分）の消費税となります。また他方，
販売に係る消費税は，20（＝200×10%）となります。つまり，企業は顧
客から販売代価の200だけでなく，消費税20も含めた220の対価を受け取

ることになります。そしてこの20の部分が②顧客から預かった分（仮受け分）の消費税になります。

　そして期末に，企業は，②預かった分（仮受け分）の消費税20と①預けた分（仮払い分）の消費税10の差額として10（＝20−10）を，国や地方公共団体に支払うことになるのです。

CHECKPOINT

　消費税とは，**財やサービスの消費（購入）に課せられる税金**です。企業にとっては，①仕入に当たり支払う分（預かってもらう分）と②販売に当たり受け取る分（預かる分）との2通りの消費税がありますが，企業は，期末にこれらを相殺した差額を，国や地方公共団体に支払うことになります。

■ 消費税は，損益計算書ではどこに表示されるか

　次に，消費税の損益計算書における位置づけについて考えてみましょう。消費税は，損益計算書上どこに計上されるでしょうか。

　実はこれは，会計処理の方法によって異なります。具体的には，**消費税の会計処理方法**としては，**「税込方式」**と**「税抜方式」**という2つがありますが，まず前者では，収益や費用の金額の中に含まれるとともに，「租税公課」項目に計上されるのに対して，他方，後者ではどこにも表れない（貸借対照表に計上される）ということになります。

　まず**「税込方式」**とは，財やサービスの売買に際して財やサービス本

235

体に係る代価部分と消費税部分とを分離せずに合計金額で記帳する方法
です。これに対して他方，**「税抜方式」**とは，財やサービスの売買に際
して財やサービス本体に係る代価部分と消費税部分とを分けて記帳する
方法です。

　ここでは，先の例を用いて考えてみましょう。

　まず**「税込方式」**では，①商品仕入れ時には，商品代価100と消費税10
とを分離せずに，合計金額の110を仕入れたものとして記帳し，また他方，
②商品販売時にも，商品代価200と消費税20とを分離せずに，合計金額の
220を販売したものとして記帳します。そしてそこから先に計算した両
者（①の消費税と②の消費税と）の差額10を**「租税公課」**という項目で費用
計上します（なお，「租税公課」は販売費及び一般管理費の一項目です）。以上
を簡単な損益計算書（ただし営業利益まで）で示すと以下のとおりです。

損　益　計　算　書	
Ⅰ　売　　上　　高	220
Ⅱ　売　上　原　価	110
売　上　総　利　益	110
Ⅲ　販売費及び一般管理費	10
営　業　利　益	100

　つまり，売上高と売上原価がそれぞれ消費税を含んだ金額として損益
計算書上に表れ，また差額の消費税10が販売費及び一般管理費として表
れるということになります。

　他方，**「税抜方式」**では，①商品仕入れ時には，商品代価100と消費税
10とを分離して把握します。具体的には，100の商品を仕入れ，仮払分

の消費税が10あった（これは**「仮払消費税」という貸借対照表の資産項目**になります）として記帳します。また他方，②商品販売時にも，商品代価200と消費税20とを分離して把握します。具体的には，200の商品を販売し，仮受分の消費税が20あった（これは**「仮受消費税」という貸借対照表の負債項目**になります）として記帳します。そして最後に，①「仮払消費税10」と②「仮受消費税20」を相殺するかたちで，その差額10を**「未払消費税」という貸借対照表の負債項目**として計上し，実際の税金支払時にそれを打ち消す処理を行うのです。以上を簡単な損益計算書（ただし営業利益まで）で示すと以下のとおりです。

```
              損 益 計 算 書
   Ⅰ  売    上    高           200
   Ⅱ  売  上  原  価           100
       売 上 総 利 益           100
   Ⅲ  販売費及び一般管理費        0
       営  業  利  益           100
```

　つまり，売上高と売上原価はすでに消費税が分離されたかたちで計上されており，損益計算書には消費税額が反映されないこととなるのです。

CHECKPOINT

　消費税の記帳方法には，以下の２つがあります。
　　①　**税込方式**
　　②　**税抜方式**
　また，どちらを採用するかによって，消費税が損益計算書に登場するか否かが大きく変わってきます。

P／Lから何が読めるか

　これまで損益計算書の全体像を概観してきましたが，最後に，これまでの学習を踏まえたうえで，最初の議論に戻ってみましょう。つまり，そもそも損益計算書は一体何なのか，また，何のために作成されるのか，結局のところ何が読めるのか，という点を振り返ってみたいと思います。

　最初にみたように，**損益計算書**は，企業の**経営成績**（ビジネスの出来・不出来）を，利益金額で表現します。また利益の金額は，その発生原因別にいくつかの段階に分かれていますので，**企業の正常な収益力**を判断することもできますし（**経常利益**），また，**正常的な要素のみならず臨時的・偶発的な要素までも含んだ全体的・包括的な収益力**を判断することもできます（**税引前当期純利益**）。また，利益の金額だけではなく，その利益のもととなる収益や費用も計上されていますから，それらの収益や費用項目の内訳を分析することで，その企業のビジネスが一体どのようになされたのかを知ることができます。

　これにより，たとえば，経営者は，自分の企業のビジネスについての分析を行うことができます。つまり，何が悪かったのか，何がよかったのか，企業の業績を改善するにはどこをどう変えていく必要があるのか，という経営管理ないし経営戦略の策定を行うことができるのです。

　また，現在株主や債権者は，企業のビジネスの中身や出来・不出来を知ることで，この企業がどういう方向性でビジネスをしてきているのか，そのために投資（出資や貸出）をし続けるのがよいか，それとも投資を引き揚げるのがよいのか，経営者の報酬をどうすればよいのか，このまま

の経営者でよいのか，新しい人材を呼ぶべきかなどを分析することがで
きるのです。また，証券市場における投資家も同様に，損益計算書によ
り，この企業の株式を買うべきか，それとも売るべきか，といった意思
決定を行うことができます。

　具体的な財務分析の仕方などについては，本書のレベルを超えていま
すので，他の文献に譲りたいと思いますが，ともあれ，損益計算書を読
むことで，われわれは**企業のビジネスの中身やその出来・不出来を知る
ことができ**，そしてそのことにより，自分たちのさまざまな意思決定を
改善することができるのです。

CHECKPOINT

　損益計算書からは，企業のビジネスの中身やその出来・不出来を
読み取ることができます。

 ## B／SとP／Lから何が読めるか

　最後に，これまでの学習を振り返り，貸借対照表と損益計算書の両方
から，結局のところ何が読めるのかについてまとめてみましょう。

　端的にいえば，これらの計算書からは，**企業の過去，現在，そして未
来の姿を読み取ることができる**のです。

　まず損益計算書は，これまでの企業のビジネスの出来・不出来を判断
することができます。つまり，**過去に企業がどのようなビジネス活動を
行い，また，どのような成績をあげてきたのかということを，読み取る**

ことができるのです。

　ただし，これを読んだ読者の皆さんの中には，「なんだ，過去の情報か！自分の知りたいのは企業の将来像だから，過去の情報なんて意味がないじゃないか！」という人もいるかもしれません。

　確かに，損益計算書は，これまで1年ないし半年間の企業のビジネスの出来・不出来を表現するものですから，過去の出来事を集約した表といえます。しかしながら，だからといって将来のことを考えるに当たって，損益計算書がまったく不要で意味がないものかというと，決してそんなことはありません。

　たとえばここで，野球の例を考えてみましょう。具体的には，皆でどの選手がホームランを打つか予想する状況を想定しましょう。もちろん，どの打者がホームランを打つかは，そのときの状況や運などに大きく左右されるところでもあります。もしくはピッチャーの球筋や，アウトカウント，もしくは観客の声援の大きさなども関係しているかもしれません。このように考えると，実に多くの要素が絡んでいるものと思われます。

　しかしながら，われわれは予想に当たって一体何を主な判断基準にするでしょうか。おそらく，多くの人は，それまでの**各選手の成績**を判断基準にするのではないかと思われます。つまり，前シーズンに何本のホームランを打ったのか，今シーズンに何本のホームランを打ってきているのか，ここまでの打率は何割か，先発投手との相性（過去の対戦成績）はどうなのか等々，過去の各選手の成績データを参照して，将来の予想をするでしょう。

　企業の場合もそれは同じです。つまり，たとえ将来の予想をするとしても，「むむむっ！」とお祈りをしたからといって，自然に将来が読めるわけではありません。**ホームラン数や打率と同様，過去のその企業の業績を分析することで，将来の予想もできる**のではないでしょうか。

　また他方，貸借対照表は，企業の現在時点の財政状態を表します。つまり，企業がどのように，またいくら資金を調達し，そしてそれをどのような形態で運用しているのか，また現在時点でどの程度の財産を有しているのか，といった情報を表現しています。

　これは先の野球の例でいえば，その選手の**現在時点の運動能力ないし健康状態**に例えることができるかもしれません。具体的には，足が速いとか，人並み外れた腕力があるとか，肩が強いとか，もしくは動態視力がずば抜けているとか，そういった選手自身のさまざまな運動能力や，今日はあの選手は調子がいいとか，ここ最近はあの選手は体調が悪いとかいった健康状態が挙げられます。そして，このような要素も，だれがホームランを打つかの予想においては，きっと重要な判断基準となるものと思われます。たとえば，この選手は今季まだホームランは打っていないが腕力がずば抜けているから，きっと今日は打つに違いないとか，ここ最近あの選手は調子が良いから今日はきっとホームランを打つだろうとか，そういった要素も，先の成績データと同じくらい重要な位置を占めるものと思われます。

　企業の場合もそれは同じです。つまり，将来の企業の姿を思い描くには，その企業の現在の運動能力や健康状態，つまり現在時点の財政状態がとても重要な要素になってくるでしょう。つまり，**運動能力ないし健康状態と同様，現在のその企業の財政状態を分析することで，将来の予想もできる**のではないでしょうか。

　以上のように考えれば，損益計算書や貸借対照表の役割，つまり，それらの計算書から一体何が読み取れるのか，ということが理解できるように思われます。すなわち，野球の例でいえば，われわれは，主に①過去の成績データや②現在の運動能力ないし健康状態から，この試合で（つまり将来）だれがホームランを打つかを予想します。

　これと同様，われわれは，①過去の業績（損益計算書）や，②現在の財政状態（貸借対照表）から，企業の将来像（この企業はこの後エクセレントカンパニーとなっていくのか否か，投資に値すべき企業か否か等々）をいろいろと思い描くことができるのです。つまり，結論的にいえば，損益計算書や貸借対照表によって，われわれは，企業の過去と現在を知り，そしてそのことにより将来を知る（予想する）ことができる，ということになりましょう。

　このように考えれば，企業のことを考えるに当たって，如何に会計が大事かが理解できます。もしかしたら，会計を知ることこそが，企業を知ることの一番の近道と言えるのかもしれません。

CHECKPOINT

　損益計算書や貸借対照表によって，われわれは，企業の過去と現在を知り，そしてそのことにより将来を知る（予想する）ことができます。

CHAPTER 3

キャッシュ・フロー
計算書を眺めてみよう

■ キャッシュ・フロー計算書から何が読めるか

　前のほうで，**営業循環**の話をしました。営業活動が現金からスタートして，商品や製品に変わり，それが売られて再び**貨幣性の資産**（売掛金，受取手形，現金など）に戻るという循環です。

■ 会社における資金循環

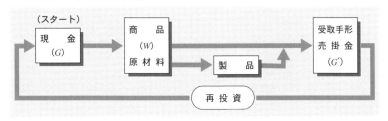

　この営業循環は，見方によっては，**資金の循環過程**でもあります。現金からスタートして現金に戻る資金循環です。

　キャッシュ・フローというのは，大ざっぱにいいますと，この資金循
環に入ってくるフローと現金に戻ってくるフローを**キャッシュ・インフ
ロー**として把握し，資金循環から出てゆくフローと現金が他の資産に変
わるフローを**キャッシュ・アウトフロー**として把握するものです。企業
を１つの大きな貯金箱として見たときの，貯金（現金）の出し入れを
キャッシュ・フローというのです。

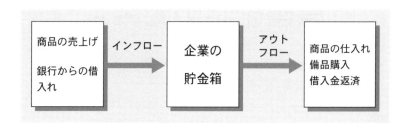

　１年間（または半年）のキャッシュ・インフローとアウトフローを，そ
の種類別に分けて一覧表にしたのが，**キャッシュ・フロー計算書**です。
この計算書は，**見積もりによるキャッシュ・フロー計算書**と**実績による
キャッシュ・フロー計算書**に分かれます。前者は，今後の資金繰りのた
めに作成されるもので，後者は，これまでの実績を示すことで将来の見
積もりの基礎を提供するものです。

　本章では，実績のキャッシュ・フロー計算書について話をします。な
ぜかといいますと，最近，この実績のキャッシュ・フロー計算書が証券
取引法（現在は，**金融商品取引法**）上の財務諸表の仲間入りをしたからで
す。会社法による計算書類にはキャッシュ・フロー計算書はありません。

キャッシュ・フロー計算書の種類

キャッシュ・フロー計算書には，つぎのような種類があります。

> **連結財務諸表として作成される計算書**
> 　(1)　連結キャッシュ・フロー計算書
> 　(2)　中間連結キャッシュ・フロー計算書
> **個別財務諸表として作成される計算書**
> 　(1)　キャッシュ・フロー計算書
> 　(2)　中間キャッシュ・フロー計算書

（※）　上場会社の場合は，中間ではなく，四半期ごとにキャッシュ・
　　　フロー計算書が作成されます。

なお，連結財務諸表を作成する企業は，個別のキャッシュ・フロー計算書を作成する必要はありません。個別のキャッシュ・フロー計算書も連結キャッシュ・フロー計算書も，作り方は基本的に同じです。そこで，以下では，両者を合わせて，単に，キャッシュ・フロー計算書ということにします。

キャッシュには何が入るか

キャッシュの概念には，「**現金**」と「**現金同等物**」が入ります。この場合の「現金」には，①**手許現金**と②**要求払預金**が含まれます。

「現金同等物」というのは，「容易に換金可能であり，かつ，価値の変

245

動について僅少なリスクしか負わない短期投資」としての性格を持つ資産をいいます。株式のように価格変動リスクの大きいものは資金（キャッシュ）範囲から除かれます。

資金（キャッシュ）の範囲（例示）

- **現　　　金**──①手許現金，②要求払預金（当座預金，普通預金，通知預金など）

- **現金同等物**──取得日から満期日（償還日）までが３か月以内の定期預金，譲渡性預金，コマーシャル・ペーパー，売戻し条件付き現先，公社債投資信託など

　現金同等物に何を入れるかは，上の説明や例示だけでははっきりしません。会計基準では，現金同等物に何を含めるかを「経営者の判断」に委ねることにしています。経営者が「容易に換金可能」で「価値変動が小さい短期投資」と考えるものを資金（現金同等物）概念に含めてよいとするのです。

　経営者の判断が入る余地を大きく認めるのは，１つには，上の例示に示されるように，該当すると考えられる投資等が非常に多岐にわたり，個別の判断が必要なためです。もう１つは，キャッシュ・フロー計算書がつぎのような性格を持つからです。

　キャッシュ・フロー計算書は，財務諸表の１つとして作成されることになりましたが，貸借対照表や損益計算書と違って，財産の計算や損益の計算，あるいは，利益の分配（配当など）とは関係がありません。あくまでも，**資金の流れに関する情報を公開するための計算書**です。そのために，資金として何を含めようとも，利益が変わったり財産の有り高が

変化することはありません。そこで，細かいルールを設けずに，各企業が資金（現金同等物）と考えるものを含めてもよいことにするのです。

 ## キャッシュ・フロー計算書の構造

キャッシュ・フロー計算書では，資金の流れを企業活動の種類に合わせて，つぎの3つに区分します。

> (1)　営業活動によるキャッシュ・フロー
> (2)　投資活動によるキャッシュ・フロー
> (3)　財務活動によるキャッシュ・フロー

ここで，**営業活動によるキャッシュ・フロー**とは，主として，商品や製品を仕入れたり販売したりする取引（営業活動）に伴うキャッシュ・フローです。営業活動に伴って取得した受取手形を銀行で割り引いた場合の収入もここに含まれます。

投資活動によるキャッシュ・フローは，機械装置や車両運搬具を購入したり売却したりしたときのキャッシュ・フローや，短期投資（現金同等物に含まれるものを除く）を取得したり売却したりしたときの資金フローをいいます。

財務活動によるキャッシュ・フローは，資金調達と返済によるキャッシュ・フローをいいます。具体的には，株式を発行したときの収入，自社株を取得したときの支出，社債の発行・償還や，借入金の増減による資金収支などです。

　「**投資活動**」と「**財務活動**」というのは，通常の事業会社にとっては，いずれも本業以外の活動です。損益計算書を作成するときに，「営業損益」を計算する区分と，営業損益に営業外損益を加減して「経常損益」を計算する区分がありました。キャッシュ・フロー計算書では，この「**営業外（本業以外）**」の活動を「**投資活動**」と「**財務活動**」に分けているのです。

　上で示しましたように，「投資活動」は，利子・配当・売却益が出るような資産への資金の投下で，「財務活動」は営業資金の調達とその返済に関わる活動をいいます。投資活動と財務活動の結果として利息や配当金を受け取ったり，利息を支払ったりした場合には，営業活動によるキャッシュ・フローの区分に掲記します。損益計算書では，受取利息や支払利息は営業損益には含めません。2つの計算書で扱いが違いますので，注意が必要です。

収	**営業活動によるキャッシュ・フロー**		支
	商品・製品の販売による収入 利息・配当金の受取りによる収入	商品の仕入れによる支出 法人税等の支払いによる支出	
	投資活動によるキャッシュ・フロー		
	固定資産の売却による収入 有価証券の売却による収入 貸付金の回収による収入	固定資産の取得による支出 有価証券の取得による支出 貸付けによる支出	出
入	**財務活動によるキャッシュ・フロー**		
	株式の発行による収入 社債の発行による収入 借入れによる収入	自己株式の取得による支出 社債の償還による支出 借入金の返済による支出 配当の支払いによる支出	

　キャッシュ・フロー計算書には，**営業収入（売上高）からスタートする形式**と**税引前当期純利益からスタートする形式**があります。前者を**直**

接法，後者を**間接法**といいます。

　直接法は，営業活動のキャッシュ・フローが総額で示されるというメリットがあり，**間接法**は，純利益と営業活動のキャッシュ・フローとの関係が明示されるというメリットがあります。いずれの方法で作成することも認められていますが，直接法は実務上手数がかかるということから，間接法によって作成する会社が多いようです。

　間接法で作成したキャッシュ・フロー計算書のひな形（モデル）を示しておきます。

キャッシュ・フロー計算書	
Ⅰ　**営業活動によるキャッシュ・フロー**	
税引前当期純利益	300
減価償却費	30
有価証券売却損	20
売掛金・受取手形の増加額	−60
棚卸資産の減少額	40
買掛金・支払手形の増加高	30
小　　　計	360
法人税等の支払額	−150
営業活動によるキャッシュ・フロー	210
Ⅱ　**投資活動によるキャッシュ・フロー**	
有価証券の売却による収入	200
有形固定資産の取得による支出	−160
投資活動によるキャッシュ・フロー	40
Ⅲ　**財務活動によるキャッシュ・フロー**	
短期借入れによる収入	100
社債の償還による支出	−80
財務活動によるキャッシュ・フロー	20
Ⅳ　**現金及び現金同等物の増加額**	270
Ⅴ　**現金及び現金同等物の期首残高**	2,400
Ⅵ　**現金及び現金同等物の期末残高**	2,670

　－の記号がついているのは減少項目ということですが，必ずしも
キャッシュ・アウトフローを意味していません。また，営業活動による
キャッシュ・フローに「減価償却費」が入っていたり，売掛金の増加が
マイナス項目になっていたり，いろいろ疑問があると思います。本書で
は細かいことを書けませんので，この本を読み終えてからでも，もう少
し専門的な本を読んでください。

キャッシュ・フロー計算書を読むポイント

　上で見ましたように，キャッシュ・フローには，3つの種類がありま
す。もっとも重要なのは，**営業活動のキャッシュ・フロー**です。この
キャッシュ・フローは，**本業による資金収支の残高**ですから，**普通は営
業利益と近い金額**になります。

　もしも，営業利益の額よりも大幅に小さいときは，在庫が増えたか，
売上債権（売掛金や受取手形）が増加しているはずです。逆に，営業利益
よりも大きい場合には，在庫が減少したり売掛金の回収が早まっている
ということです。

> 営業利益　＞　営業活動によるキャッシュ・フロー
> 　主な原因：在庫の増加，売掛金の増加
> 営業利益　＜　営業活動によるキャッシュ・フロー
> 　主な原因：在庫の減少，売掛金の減少

　わが国の場合，「**投資活動によるキャッシュ・フロー**」は，余裕資金
（余資といいます）の運用によるキャッシュ・フローという側面がありま

す。英米の企業は，余裕資金が出たら配当や自社株買いなどを使って株
主に返しますが，日本の企業は，余裕資金が出たら株などに投資して運
用します。

　この区分の**キャッシュ・フロー総額がプラス**になっているときは，**投
資を引き上げている**ということであり，**マイナス**になっているときは，
資金を追加投下していることを表します。

　プラスのときは引き上げた資金を何に使っているかを見ておく必要が
あり，マイナスのときは，どこから手に入れた資金を投資しているかを
見ておく必要があります。いずれも，キャッシュ・フロー計算書をよく
観察するとわかります。

投資活動によるキャッシュ・フローが増加
　主な原因：投資の回収
　見るポイント：回収した資金のゆくえを見る
投資活動によるキャッシュ・フローが減少
　主な原因：新規の投資か追加の投資
　見るポイント：資金の出所を見る

　「**財務活動によるキャッシュ・フロー**」は，**総額でプラス**になってい
れば，それだけ**純額で資金を調達**したということを意味します。**マイナ
ス**であれば，**調達した資金を純額でそれだけ返済**したということです。
資金を返済したときは，その財源が何であったかを調べてみる必要があ
ります。また，資金を調達したときは，その資金を何に使っているかを
見てみる必要があります。これも，キャッシュ・フロー計算書を眺めて
いるとわかることです。

> **財務活動によるキャッシュ・フローが増加**
>   主な原因：追加の資金を調達
>   見るポイント：資金を何に使ったか
> **財務活動によるキャッシュ・フローが減少**
>   主な原因：資金を返済
>   見るポイント：何を財源として返済したか

　キャッシュ・フロー計算書の末尾には，当期首のキャッシュ残高と期末のキャッシュ残高が示されています。キャッシュ残高は，きわめて流動性の高い「現金」と「現金同等物」の合計ですから，次期においてすぐに支払手段として使えます。

　期首の残高と比べて**期末の残高が小さい**ときは，**支払能力が低下して**いることを意味し，**残高が大きくなっている**ときは，**支払能力が増加し**ていることを意味しています。

　ただし，ここでいう「キャッシュ」は，すでに現金になっているか，おおむね3か月以内に現金に変わる資産のことですから，きわめて短期的な支払能力を見ていることになります。

■ 借金の返済能力（支払能力）を読む

　キャッシュ・フロー計算書は，企業の**資金創出能力**や**借金の返済能力**を見るときに使われます。何かの事業を始めるときにも，事業を拡大するときにも，企業は新しい資金（キャッシュ）を必要とします。そうした必要資金を調達する能力と，調達した資金を返済する能力，つまり，資

金繰りの能力は，キャッシュ・フロー計算書を見ると読み取れます。

　借金の返済能力を見るのに，「**流動比率**」とか「**当座比率**」が使われることがあります。

$$流動比率＝\frac{流動資産}{流動負債}×100（％）$$

$$当座比率＝\frac{当座資産}{流動負債}×100（％）$$

　流動負債は，おおざっぱにいいますと，1年以内に返済しなければならない借金です。この短期の借金を返済する財源としては，流動資産（現金と1年以内に現金に変わる資産）があります。上の**流動比率**は，1年という期間の間で，借金とその返済財源のバランスが取れているかどうかをみるものです。一般には，この比率は**200％以上**が適切だといわれています。

　流動資産には，現金預金，有価証券などの現金化しやすい資産（これを当座資産といいます）もありますが，商品・製品などのように直ぐには現金に変わらない資産（これを**棚卸資産**といいます）もあります。棚卸資産は，即座の借金の返済には使えません。そこで，即座の借金返済能力を見るために，**当座比率**が計算されます。こちらは，**100％以上**あることが望ましいといわれています。

　要するに，中期的な支払能力，あるいは，企業の正常な営業活動を前提にした支払能力を見るには**流動比率**がよく，即時の，あるいは，短期的な支払能力は**当座比率**を計算してみるとよいといわれています。

　では，これらの比率と，キャッシュ残高は，どのように使い分けたら
よいのでしょうか。

　流動比率と当座比率は，比率です。絶対額（金額）ではありません。
キャッシュ残高は，比率ではなく，絶対額です。もしも，キャッシュ残
高を使って比率を求めるのであれば，つぎのような計算をすればよいで
しょう。

$$3か月以内の支払能力 = \frac{キャッシュ残高}{流動負債} \times 100 \ (\%)$$

 ## 日本の大企業は資金繰りでは倒産しない

　キャッシュ・フロー計算書はアメリカで誕生しました。それは，ある
時期，アメリカの企業が資金繰りに失敗してバタバタと何万社も倒産し
たからです。

　損益計算書や貸借対照表では，会社の資金繰りがよいのかどうかわか
りません。そこで，アメリカでは，資金繰りの状況を投資家に報告する
ために，キャッシュ・フロー計算書を作成するようになりました。

　ところで，わが国の場合ですが，資金繰りに失敗して倒産するのは，
決まって中小企業です。大手の企業は，資金繰りで倒産することはあり
ません。最近になって倒産した企業を思い浮かべてください。大手の証
券会社，大手の銀行・生保，大手の建設会社，どの例を取っても，資金
繰りに失敗したわけではありません。

　わが国の場合，大手の会社が倒産に至るのは，ほぼ間違いなく，**債務超過**が原因です。会社の純資産よりも負債のほうが大きくなって倒産するのです。 そうしたことを考えますと，わが国の場合，キャッシュ・フロー計算書（あるいは，資金繰り表）が必要なのは，大企業ではなく，中小企業です。

　2000年に始まった**会計ビッグバン**では，大企業にキャッシュ・フロー計算書の作成が義務づけられましたが，これが１つの契機となって，中小企業でもキャッシュ・フロー計算書が活用されるようになることが期待されています。

おわりに──よい会社の条件

　最近では，稼いだ利益の大きさといった，従来の「ものさし」とは
違った面で，**よい会社かどうか**が問われるようになってきました。

　そうした新しい「ものさし」として，ここでは，「**環境への取り組み**」，
「**消費者への対応**」，「**リスク管理**」，「**コーポレート・ガバナンス**」を紹
介します。

■■ 環境にやさしい

　最近では，「環境にやさしい」ことが「よい会社」の条件になってき
ました。環境に配慮した製品を作る，**リユース**（再利用）・**リサイクル**が
できる製品を作る，資源を大切にする，ゴミを出さない，社内のゴミを
リデュース（減少）する，環境保全のために投資している，などなどが
会社の評価に加えられてきました。

　ただ，稼ぎが大きいとか，配当がいいとか，給料が高い，といったこ
とは，これからの会社を評価する基準としてはあまり重視されないかも
しれません。

　ところで，皆さんが勤務しているところでは，ゴミ資源の回収に熱心
ですか，もしかして，失敗したコピーをゴミ箱に捨てていませんか。社
内から出る資源ゴミ（失敗したり要らなくなったコピー用紙，食堂の廃棄物，

空き缶，空き瓶など）は，ちゃんとリサイクルされていますか。

社内の資源ゴミがリサイクルされていないところでは，仮に，製品の一部にリサイクル製品（たとえば，再生紙など）を使っていたところで，あるいは，その製品がリサイクルに向くように作られていたところで，それは本心から環境を考えている会社とはいえないのではないでしょうか。

■■ 環境会計の誕生

最近，「**環境会計**」という領域が誕生しました。企業が，環境の保護・保全にどれだけの力（お金）を注いでいるか，また，環境を破壊した場合に，どれだけ回復や環境破壊の再発防止に努力（お金）を注いでいるかを，企業が報告するものです。

これからは，会社の利益や資本の大きさだけではなく，どれだけこうした環境への配慮をしているかといったことも，会社を評価する指標の1つとして考えていかなければなりません。

■■ クレーム処理

あなたの会社には「消費者相談室」とか「お客様相談室」とか，あるいは，消費者からのクレームや相談を受け付けている電話窓口がありますか。

あるときに大手のスーパーでフライパンを買いました。2〜3日も使わないうちに取っ手が緩んでしまったので取り替えてもらおうと思ってスーパーに行ったときのことです。応対した店員が，こう言うのです。「このフライパンは当店で作ったものではないので，当店には責任があ

りません」と。わたしは思わず，「では，おたくの店では，腐った卵を売っておいて，『わたしが産んだのではないので知りません』とでも言うのですか」，と聞いてしまいました。

　ある電機屋で無線機（トランシーバー）を買ったときです。どうも調子が悪いので店にクレームをつけたのですが，店員いわく，「やっぱりダメですか。」この店員は，売りつけたトランシーバーが欠陥品だったことを知っていたのです。別の客に売って返品されてきたものを，つぎに買いに来たわたしに売りつけたというわけです。ひどい商売をする店もあったものですね。

　筆記具についてのクレームを2つ書きます。油性ペンを買ったときのことです。封を切って書いてみると1字も書けません。このときは，取り替えてもらおうと思い，メーカーに直接送り返しました。でも，交換どころか，お詫びの手紙もなし，でした。もう1つは，別の会社のシャープペンシルを買ったところ，芯をうまく送り出せません。これもメーカーに送り返しました。今度は，メーカーがいろいろ調査やテストを繰り返してくれて，芯の種類を代えるとよいことがわかりました。どちらもPから始まる名前の会社でしたが，前者の会社はつぶれてしまいました。後者は，PILOTです。

▌▌自社の製品を使ってますか

　どこの会社でも，社員もその会社の製品を使う消費者なのです。トヨタ自動車の社員はまず間違いなくトヨタ車に乗ります。自分が買った車に不具合があれば，事細かにクレームをつけるでしょう。会社にしてみますと，社員からのクレームは，製品の手直しにとっても，新製品の開発にとっても，貴重な情報です。社員にはぜひ自社製品を使ってもらっ

ていろいろ意見や感想を聞きたいものです。

　ところが，どう考えても，この会社の社長も社員も自社製品を使って
いないなと思う製品もあります。身近な例でいいますと，袋入りの食品
（ラーメンでもお菓子でも）で，袋に切り込みが入っていなかったり，切
り込みが入っていても切れなかったという経験はだれもがあると思いま
す。切り込みの印が小さくて，どこにあるのかわからないものもありま
す。社員の皆さん（社長さんも）がいつも自社の製品を食べていれば，す
ぐに改善・改良されるはずです。

　多くの食品には賞味期限などが書いてあるはずですが，ほとんどの場
合，どこに書いてあるのかわかりにくいですね。期日が書いてあるけど
製造年月日なのか賞味期限なのかわからないといった不届きなものもあ
ります。きっと，消費者には知らせたくない情報なのでしょう。ところ
で，食品にはそれぞれ「消費期限」とか「賞味期限」とか「品質保持期
限」とか書いてありますが，その違いがわかりますか。ちょっと不親切
ですね。

■■ 消費者の軽視

　消費者を軽視して社会的な事件を引き起こしている会社もあります。
大手の自動車会社が大掛かりなクレーム隠しをしたり，食品会社が大規
模な食中毒事件や偽装牛肉事件を引き起こしたり，消費期限のラベルを
書き換えたり，消費者をないがしろにした事件はあとを絶ちません。

　決算数値を粉飾したり，損失を飛ばしたり，会計を悪用した不正も株
主や投資家といった国民・市民を欺くものです。こうした問題を起こし
た会社は，数え上げたらキリがありません。

消費者や市民をないがしろにした経営は，必ず大きなペナルティを受けます。時には，会社を解散しなければならないとか，屋台骨が揺らぐほどの事態に立ち至ります。皆さんの会社はどうですか。

食品事件などが発覚しますと，多くの会社では事件を隠そうとしたり虚偽の報告をしたりしました。前言を取り消すたびに会社の信用はがた落ちしました。

▌▌トップの責任

こうした事件が起きると，決まって「犯人探し」が行われ，これまた決まって支社や工場のスタッフが「スケープゴート」にされます。でも，本当の犯人は，こうした不祥事や違法行為を未然に防ぐための手立てを怠った経営者なのです。事故や事件を「未然に」防ぎ，万が一にもそれが生じたときに社会に及ぼす被害を最小にするように「事前に」対策を立てておくのは，経営者の責務です。

▌▌リスクへの備え

会社が，「社会に害を及ぼすリスク」もあれば，会社が「社会から害を受けるリスク」もあります。前者の例としては，今あげた食品公害，製法や製品による環境破壊，違法行為などがあり，後者の例としては，株価の暴落，為替変動，（前者の結果としての）製品ボイコット，輸出入規制，関税などがあります。

こうしたリスクに対しては，事前に備えることができることには備えをし，事後的（事故が発生した後）に対応するべきことについては，普段から，「マニュアルを作成する」，「直属の上司を飛ばして，本社に通報するシステムを作る」，「業界としての対応窓口を作る」といった対策を

立てておく必要があるでしょう。

　こうした事態が生じたときにも，トップ・マネジメントが動かないこともあります。きっと，こうした会社の経営者は，側近から「都合のいい情報」だけを聞かされてきたのかもしれません。創業者が体面とか世間体を気にして，何とか責任を部下に押し付けようとしているのかもしれません。

■■ コーポレート・ガバナンス

　今，日本の会社が必要としているのは，創業者や社長に物言えるスタッフ・機関，支店・工場など下部の意見や情報を取り込む機関，つまり，コーポレート・ガバナンスが機能する組織ではないでしょうか。

　さて，「**最近の，よい会社の条件**」をいくつか書きました。ここで書ききれなかったこともあります。「従業員や取引先との約束を守らない会社」とか，「儲けすぎている会社」とか，「子会社や関連会社をいじめている会社」とか，「**よくない会社**」はいくらでもあります。皆さんが勤めている会社が，「よい会社」にグループ分けされていることを期待して，本書を終えたいと思います。

　最後まで読んでいただき，ありがとうございました。

☆ 「わしづかみシリーズ」企画・監修 ☆

神奈川大学名誉教授　田中　弘

「**会計**」は，街角のパン屋さんでも，駅前のレストランでも使う技法ですから，本来は，「**誰にでもわかる**」，「**誰でも使える**」技術のはずです。

それが，最近では，企業の経済活動が複雑になり，それに合わせて会計も複雑でわかりにくいものになってきました。

このシリーズでは，「**簡単なはずの会計**」を「**簡単にわかってもらう**」ことを目的に，**現代の会計を**「**ざっくりと　わしづかみ**」できるように工夫しています。

初めて会計を学ぶ皆さんには，きっと，新しい世界を識るだけではなく「**使える会計知識**」が身に付くと思います。

公認会計士や**税理士**を目指している皆さんや，大学などで会計学を勉強している皆さんは，**会計の全体像や会計基準の根幹を短時間でマスター**することができると思います。

ぜひ，このシリーズで，現代の会計を「**わしづかみ**」してください。

Index

著者のプロフィール

田　中　　弘 (たなか　ひろし)

　神奈川大学名誉教授・博士（商学）（早稲田大学）

　早稲田大学商学部卒業後，同大学院博士課程修了。

　現在，（一財）経営戦略研究財団理事長，辻・本郷税理士法人顧問，英国国立ウェールズ大学大学院（東京校）教授，（一財）日本ビジネス技能検定協会会長。

　主な著書に『複眼思考の会計学－国際会計基準は誰のものか』，『不思議の国の会計学』，『簿記を学ぶ』，『最初に読む会計学入門』，『新財務諸表論（第5版）』，『伸びる会社のチエ袋』，『経営分析』（以上，税務経理協会刊）など。

　「遊んだ分だけ仕事をする」がモットー。趣味は，スキー，テニス。

向　伊知郎 (むかい　いちろう)

　愛知学院大学教授・博士（経営学）（南山大学）

　南山大学大学院博士課程修了。

　主な著書に『カナダ会計制度研究』『連結財務諸表の比較可能性』など。

　「完全燃焼」がモットー。趣味は，スキー。

田口　聡志 (たぐち　さとし)

　同志社大学教授。博士（商学）（慶應義塾大学）

　慶應義塾大学大学院博士課程修了。

　主な著作物に，『実験制度会計論―未来の会計をデザインする―』，『教養の会計学―ゲーム理論と実験でデザインする―』，『心理会計学』（監訳），『デリバティブ会計の論理』，『複式簿記入門』（共著）など。

　「どんな時でもプラス思考」がモットー。趣味は，旅行，ゆっくり歩くこと。

わしづかみシリーズ

会 計 学 を 学 ぶ
経済常識としての会計学入門〔第2版〕

2008年10月15日　初 版 第 1 刷 発 行
2021年 4 月15日　第 2 版第 1 刷発行
2023年10月15日　第 2 版第 2 刷発行

著　者　　田中　　弘

　　　　　向　伊知郎

　　　　　田口　聡志

発行者　　大坪　克行

発行所　　株式会社 **税務経理協会**
　　　　　〒161-0033東京都新宿区下落合1丁目1番3号
　　　　　http://www.zeikei.co.jp
　　　　　03-6304-0505

印　刷　　光栄印刷株式会社

製　本　　牧製本印刷株式会社

本書についての
ご意見・ご感想はコチラ

http://www.zeikei.co.jp/contact/

JCOPY ＜出版者著作権管理機構 委託出版物＞
ISBN 978-4-419-06796-0　C3034

キャッシュ・フロー計算書

I	営業活動によるキャッシュ・フロー	
	税引き前当期純利益	300
	減価償却費	30
	有価証券売却損	20
	売掛金・受取手形の増加額	−60
	棚卸資産の減少額	40
	買掛金・支払手形の増加高	30
	小　計	360
	法人税等の支払額	−150
	営業活動によるキャッシュ・フロー	210
II	投資活動によるキャッシュ・フロー	
	有価証券の売却による収入	200
	有形固定資産の取得による支出	−160
	投資活動によるキャッシュ・フロー	40
III	財務活動によるキャッシュ・フロー	
	短期借入れによる収入	100
	社債の償還による支出	−80
	財務活動によるキャッシュ・フロー	20
IV	現金及び現金同等物の増加額	270
V	現金及び現金同等物の期首残高	2,400
VI	現金及び現金同等物の期末残高	2,670

損 益 計 算 書

I	売上高			100
II	売上原価			
	1　商品期首棚卸高		10	
	2　当期商品仕入高		54	
	3　商品期末棚卸高		12	52
	売上総利益			48
III	販売費及び一般管理費			
	販売手数料		4	
	広告宣伝費		13	
	給料・手当		10	
	減価償却費		6	33
	営業利益			15
IV	営業外収益			
	受取利息及び割引料		1	
	受取配当金		15	16
V	営業外費用			
	支払利息		1	
	有価証券評価損		1	2
	経常利益			29
VI	特別利益			
	固定資産売却益			13
VII	特別損失			
	為替損失			2
	税引前当期純利益			40
	法人税等			16
	当期純利益			24

営業損益計算

経常損益計算

純損益計算

ここまでが当期業績主義の損益計算書

全体として包括主義の損益計算書